El trabajo de sombras y la curación del niño interior

La guía definitiva para integrar el lado oscuro y restaurar el alma herida

© Copyright 2024

Todos los derechos reservados. Ninguna parte de este libro puede ser reproducida de ninguna forma sin el permiso escrito del autor. Los revisores pueden citar breves pasajes en las reseñas.

Descargo de responsabilidad: Ninguna parte de esta publicación puede ser reproducida o transmitida de ninguna forma o por ningún medio, mecánico o electrónico, incluyendo fotocopias o grabaciones, o por ningún sistema de almacenamiento y recuperación de información, o transmitida por correo electrónico sin permiso escrito del editor.

Si bien se ha hecho todo lo posible por verificar la información proporcionada en esta publicación, ni el autor ni el editor asumen responsabilidad alguna por los errores, omisiones o interpretaciones contrarias al tema aquí tratado.

Este libro es solo para fines de entretenimiento. Las opiniones expresadas son únicamente las del autor y no deben tomarse como instrucciones u órdenes de expertos. El lector es responsable de sus propias acciones.

La adhesión a todas las leyes y regulaciones aplicables, incluyendo las leyes internacionales, federales, estatales y locales que rigen la concesión de licencias profesionales, las prácticas comerciales, la publicidad y todos los demás aspectos de la realización de negocios en los EE. UU., Canadá, Reino Unido o cualquier otra jurisdicción es responsabilidad exclusiva del comprador o del lector.

Ni el autor ni el editor asumen responsabilidad alguna en nombre del comprador o lector de estos materiales. Cualquier desaire percibido de cualquier individuo u organización es puramente involuntario.

Su regalo gratuito

¡Gracias por descargar este libro! Si desea aprender más acerca de varios temas de espiritualidad, entonces únase a la comunidad de Mari Silva y obtenga el MP3 de meditación guiada para despertar su tercer ojo. Este MP3 de meditación guiada está diseñado para abrir y fortalecer el tercer ojo para que pueda experimentar un estado superior de conciencia.

https://livetolearn.lpages.co/mari-silva-third-eye-meditation-mp3-spanish/

¡O escanee el código QR!

Índice

PRIMERA PARTE: TRABAJO DE SOMBRAS 1
   INTRODUCCIÓN 2
   CAPÍTULO 1: TRABAJO DE SOMBRAS (CONCEPTOS BÁSICOS) 3
   CAPÍTULO 2: DESCUBRA Y ACEPTE SU SOMBRA 11
   CAPÍTULO 3: EL EFECTO ESPEJO DE LA SOMBRA 18
   CAPÍTULO 4: LA SOMBRA Y LA AUTENTICIDAD 25
   CAPÍTULO 5: LA SOMBRA Y LAS RELACIONES 31
   CAPÍTULO 6: LA SOMBRA Y LA SOCIEDAD 37
   CAPÍTULO 7: EJERCICIOS PARA EL TRABAJO DE SOMBRAS 45
   CAPÍTULO 8: LOS ALTIBAJOS DEL TRABAJO DE SOMBRAS 54
   CAPÍTULO 9: ILUMINAR SU SOMBRA 59
   CAPÍTULO 10: TRABAJO DE SOMBRAS, UNA ETAPA DEL DESPERTAR ESPIRITUAL 67
   GUÍA DE 30 DÍAS PARA EL DESPERTAR ESPIRITUAL A TRAVÉS DEL TRABAJO DE SOMBRAS 76
SEGUNDA PARTE: SANAR AL NIÑO INTERIOR 80
   INTRODUCCIÓN 81
   CAPÍTULO 1: EXPLICACIÓN DEL NIÑO INTERIOR 83
   CAPÍTULO 2: LOS ARQUETIPOS DEL NIÑO INTERIOR 91
   CAPÍTULO 3: DESCUBRIR AL NIÑO INTERIOR 102
   CAPÍTULO 4: ACEPTAR A SU NIÑO INTERIOR 113
   CAPÍTULO 5: MEDITACIÓN DEL NIÑO INTERIOR 123
   CAPÍTULO 6: DIARIO DEL NIÑO INTERIOR 132

CAPÍTULO 7: CONCIENCIA DEL NIÑO INTERIOR 140
CAPÍTULO 8: LOS RETOS DE SANAR A SU NIÑO INTERIOR 148
CAPÍTULO 9: BENEFICIOS DE SANAR A SU NIÑO INTERIOR 156
CAPÍTULO 10: DESAFÍO PARA SANAR A SU NIÑO INTERIOR 164
CONCLUSIÓN 176
VEA MÁS LIBROS ESCRITOS POR MARI SILVA 178
SU REGALO GRATUITO 179
REFERENCIAS 180

Primera Parte: Trabajo de sombras

Una guía para integrar su lado oscuro para el despertar spiritual

Introducción

El problema de hoy en día es que todos sufrimos por ignorar nuestras propias sombras. La depresión, la ansiedad, la guerra y las diferentes luchas son el resultado de una sombra colectiva que todos debemos enfrentar, comenzando con nuestras sombras personales. Suponga que ha estado pasando por momentos más difíciles de lo habitual, saboteándose a sí mismo, arruinando sus posibilidades y relaciones. Quizás es su sombra pidiendo que le preste atención. Es hora de integrar su sombra para encontrar su autenticidad y finalmente poder sanar.

Sin integrar las partes de nosotros que hemos rechazado, no hay posibilidad de conectarnos con nuestras almas como deberíamos. No podremos crecer ni a nivel personal ni mucho menos espiritual. Al leer este libro usted es claramente consciente de precisar esta ayuda y sabe que es momento de observar esas partes rechazadas durante todo este tiempo.

A diferencia de otros libros sobre este tema, este libro es de lectura fácil y los conceptos se explican de una manera simple. Si es nuevo en este tema o si ya tiene experiencia, encontrará innumerables joyas en estas páginas para extraer y enriquecer su vida. Todo está escrito en un lenguaje simple, sin conceptos esotéricos que puedan confundir a los lectores.

Si está preparado para comenzar y redimir todas sus partes, ¡está en el lugar perfecto! Mantenga una mente abierta y prepárese para volver a sentirse completo.

Capítulo 1: Trabajo de sombras (conceptos básicos)

¿Qué es la sombra?

La sombra es un término utilizado en metafísica para describir la totalidad de nuestra mente inconsciente. Se puede ver como un arquetipo que consiste en elementos instintivos y emociones, que representan nuestra parte "oscura". Generalmente, las sombras son algo considerado tabú porque son negativas e incontrolables. Sin embargo, las sombras también son necesarias para nuestro bienestar psicológico. La sombra también se describe como una "otra mitad" dentro de nosotros. Se considera la parte de cada ser que no es de buen carácter moral y que otros no pueden ver porque es una parte que no revelamos. Esto conduce a una falta de autoaceptación y confianza en la propia personalidad.

¿Qué es el trabajo de sombras?

Lleve su mente inconsciente a la conciencia
https://www.pexels.com/photo/adult-anger-art-black-background-356147/

El concepto de "trabajo de sombras" se refiere al proceso de traer nuestra mente inconsciente a la conciencia. Esto permite que nuestro lado oscuro salga a través de la visualización o los sueños, y luego abrazando esa oscuridad sin intentar ocultarla. Con la práctica, la sombra se integrará con nuestro lado de "luz" y nos hará personas completas.

El trabajo de sombras se puede utilizar como una herramienta en psicología y espiritualidad. Se usa en psicología cuando deseamos descubrir recuerdos reprimidos y también se puede aplicar en la espiritualidad cuando se busca un mayor conocimiento del alma y su propósito. Entre otras cosas, el trabajo de sombras ayuda a las personas a ser más conscientes de las cosas que interfieren en su vida diaria y ver lo que necesitan para alcanzar la cura. Esto se logra entrando en contacto con su sombra y aprendiendo a abrazarla. Buscamos entender nuestra sombra y confrontarla con la luz para sanar los conflictos internos dentro de nosotros mismos. Muchas personas ven la sombra como algo negativo que solo se puede entender al desenterrarla por completo. Sin embargo, esto no es del todo correcto. Después de todo, la sombra también se compone de algunas de las cosas buenas que ha rechazado porque otras personas no las aceptaban cuando usted era más joven.

¿Cómo nace la sombra?

Su sombra (a menudo referida como su "lado oscuro") nace al comienzo de su vida, probablemente a una edad muy temprana. Nuestro entorno y la forma en que nuestros padres nos consolidaron o rechazaron jugará un papel muy importante en el desarrollo de un pensamiento más o menos saludable sobre nosotros mismos. Incluso las personas más iluminadas tienen su lado oscuro. Esto se debe a que todos los seres humanos nacemos con instintos. Inherentemente deseamos experimentar el placer y evitar el dolor. Quienes no puedan aceptar esta faceta de sí mismos desarrollarán, como resultado, un sentimiento de vergüenza. Estos individuos generalmente se convierten en personas perfeccionistas que nunca están satisfechas con su desempeño.

La sombra nace de las cosas que usted rechaza sobre sí mismo y de los malos momentos que ha vivido de niño. Consiste en todas las cosas desagradables en las que no queremos pensar, cosas que suprimimos y negamos. Esto nos hace asumir características destructivas para evitar lidiar con el dolor que hemos creado. Estas características pueden ser cualquier cosa, desde problemas de adicción, perfeccionismo y baja autoestima.

Por qué debería conocer su sombra

Como dijo Carl Jung: "Uno no se ilumina imaginando figuras de luz, sino haciendo consciente la oscuridad". Es importante entender que no podemos evitar las sombras. Son parte de cada ser humano y son ineludibles. Comprender este concepto es un paso importante para aprender a amarse a uno mismo. Como resultado de su trabajo de sombras, podrá reconocer su lado malo sin vergüenza y hacer las paces con él. También podrá descubrir y apreciar lo bueno dentro de sí que ha estado oculto durante años y finalmente apreciarlo como algo que vale la pena en lugar de rechazarlo.

Jung también dijo: "Todo el mundo lleva una sombra, y cuanto menos se incorpore en la vida consciente del individuo, más negra y densa será". Cuando somos jóvenes, la sombra suele adquirir forma debido a nuestras experiencias. Podemos ser tímidos, tranquilos, introvertidos o tratar de ser el centro de atención. Estas características son simplemente rasgos que queremos que otros vean, no los que deseamos ocultar. Sin embargo, aquellos que reprimen su sombra evitan poder convertirse en individuos más maduros y espiritualmente conscientes, capaces de *soportar* las cargas que conlleva vivir en este mundo sin ser aplastados por estas.

Cuando reprimimos la sombra, lo hacemos porque nos avergüenza. La sombra nace cuando somos niños pequeños y no tenemos idea de lo que es una sombra, lo que significa y por qué está allí. Como resultado, vemos esta parte de nosotros como algo que causaría daño a otros. Esto hace que nos escondamos de nuestras emociones y nos sintamos aislados del mundo. Reprimir la sombra también nos impide entender quiénes somos realmente y nos hace más susceptibles a proyectar nuestra ira sobre los demás.

El trabajo de sombras y el despertar espiritual

Cuando usted se enfrenta a su sombra, se encuentra cara a cara con usted mismo. Es la única forma de conseguir autoconocimiento y conciencia real de quiénes somos. Por lo general, a la gente no le gusta encarar sus sombras. Mucha gente sufre de problemas psicológicos porque tienen miedo de saber qué hay debajo de todo ese desorden en sus mentes. Es más fácil ceder a sus adicciones y dejar que las mentiras se apoderen de sus vidas y de quienes creen que son en la sociedad.

El trabajo de sombras implica el proceso de llevar su inconsciente hacia la luz de la conciencia y puede ser un proceso difícil y doloroso. Esto le permite descubrir sus aspectos internos reprimidos. Su sombra no es algo a lo que temer, sino más bien una parte de usted que necesita ser entendida y abrazada como parte de su naturaleza. Su mente consciente también necesita saber cómo trabajar con ella para alcanzar el despertar espiritual. Desafortunadamente, muchas personas no entienden que su psique o mente inconsciente tiene un propósito y función, y suelen rechazar estas ideas que consideramos fundamentales para el proceso.

¿Cómo funciona el trabajo de sombras?

El trabajo de sombras es un largo proceso de descubrimiento consciente durante el cual usted se enfrenta a sus rasgos de personalidad reprimidos (personalidades y patrones de comportamiento) y se convierte en practicante del Ser. Es este autoconocimiento el que conduce a la iluminación personal y al despertar espiritual. Durante el trabajo de sombras, uno aprende a verse a sí mismo como parte del mundo interior y exterior. Cuando podemos percibirnos plenamente a nosotros mismos, trascendemos los límites entre la experiencia interna y externa.

En la psicología junguiana, el trabajo de sombras implica la imaginería mental visual necesaria para tratar problemas psicológicos inconscientes como la violencia. Uno debe aprender a lidiar y visualizar la sombra en lugar de permitir que consuma su vida. Muchas personas que se someten al trabajo de sombras lo sienten difícil y frustrante. Aunque muchos queremos negar nuestra verdadera personalidad, no se puede negar *quienes somos*. No tiene que cambiar su sombra, simplemente tiene que aceptarla como es. Una vez que pueda hacer esto, su sombra ya no tendrá control sobre su vida y dejará de ser un obstáculo en su proceso de despertar espiritual.

Carl Jung era consciente de la importancia de la sombra. Escribió sobre la necesidad de comprenderla para el crecimiento y la madurez. Incluso hizo declaraciones explícitas sobre la necesidad de trabajar nuestro lado oscuro para estar libre de sus influencias negativas y comportamientos destructivos. Jung consideró este aspecto como un paso vital hacia el autoconocimiento y la iluminación personal. Aunque todos estamos marcados por nuestra sombra, podemos aprender a integrarla con el resto de lo que somos.

Mitos sobre el trabajo de sombras

Abordemos algunos de los mitos y conceptos erróneos que rodean al trabajo de sombras y a la sombra misma.

1. **Usted es una mala persona por tener una sombra**: la sombra no es intrínsecamente mala. Es una parte suya que nunca fue explorada, simplemente se asoció a emociones negativas basadas en arquetipos sociales externos.

2. **Usted está solo en este proceso de querer trabajar en su sombra**: muchas personas quieren trabajar a través de sus sombras y despertares espirituales. De hecho, existe una gran comunidad de personas interesadas en los mismos temas y que han estado luchando con los mismos problemas que usted.

3. **Usted es débil por no querer lidiar con su sombra**: muchas personas evitan trabajar sus sombras hasta sentirse realmente listas. Esperar no lo hace débil o cobarde. El hecho es que ninguno de nosotros sabe cuándo estaremos listos para lidiar con nuestros problemas emocionales. A veces podemos pasar por un período oscuro que dura muchos años y no enfrentarlo. Cuando sea el momento, lo sabrá.

4. **Su sombra no es importante**: su sombra es una parte integral de quién es y por qué es como es hoy en día. Necesita entender su sombra si quiere romper los lazos de su pasado y comenzar una nueva fase de despertar espiritual. Se equivoca si cree que puede deshacerse de ella sin ninguna consecuencia.
5. **El trabajo de sombras es imposible y no tiene sentido:** no hay nada que temer. Hay muchas razones por las que el trabajo de sombras puede valer la pena. Puede ayudarlo a lidiar con las emociones de su pasado y darle una mejor comprensión de sí mismo y de su identidad. Si se ha estado autosaboteando y no puede entender por qué, tal vez sea hora de explorar la oscuridad.

Su lado oscuro puede autosabotearlo

Su lado oscuro puede evitar que gane dinero: su sombra puede ser un obstáculo importante detrás de su falta de ganancias financieras. Dado que su sombra es un lado que ha reprimido y catalogado como negativa, tiende a tener una visión oscura y destructiva del dinero. Es posible que no pueda ver nada positivo sobre el dinero porque inconscientemente le tiene miedo (o nunca se le inculcó una visión positiva). Si vive ganando y viviendo con poco dinero, puede ser que su lado oscuro lo esté conduciendo a situaciones en las que deba lidiar con sus emociones. También podría ser que sus talentos (que podrían darle mucho dinero) estén enterrados en la sombra y necesiten ser iluminados.

Su sombra saboteará sus relaciones amorosas: una de las formas en que su sombra puede causar problemas en las relaciones amorosas es debilitando sus partes buenas. Su sombra busca evitar que sea feliz. Si trabaja con su sombra, cambiará sus formas y le permitirá experimentar el amor de manera saludable. Muchas cosas pueden evitar que las cosas buenas de su relación florezcan. Tal vez una parte suya desee permanecer soltera y aislada (el arquetipo solitario), o quiere un poco más de lo que tiene disponible (el arquetipo envidioso). Tal vez sea incapaz de amar por miedo al rechazo: este es un aspecto que pone paredes emocionales cuando los demás se acercan demasiado y que también podría ser la razón por la que atrae a las parejas equivocadas.

Su sombra puede evitar que tenga un cuerpo saludable: su sombra puede afectar su salud. Tal vez usted no sea consciente de su sensibilidad a ciertos alimentos o no obtenga suficiente sol y ejercicio. Además, su necesidad de control puede llevarlo a hacer demasiadas cosas en lugar de hacer aquello que le hace feliz a su cuerpo (como mimarlo con una rica comida). Es incluso posible que no pueda perder peso porque su aspecto de sombra se sienta inseguro y vea la grasa como un mecanismo de protección.

Su sombra puede evitar que disfrute su vida: su lado oscuro podría ser el problema detrás de su incapacidad para disfrutar de la vida. Tal vez sienta demasiada ansiedad y miedo, o siempre esté tratando de controlar todo en vez de permitirse vivir espontáneamente y disfrutar el momento. Trabajar en su sombra también puede ayudarlo a ser más feliz. El proceso le enseñará a trabajar sus emociones pasadas y dejarlas ir para disfrutar de nuevas experiencias. También le enseñará a aceptarse por lo que es y dejar de enojarse con usted mismo cuando las cosas no salen como quiere.

Su sombra bloquea el amor de los demás: su sombra puede dificultar que los demás vean lo bueno en usted. Tal vez sea el tipo de persona que no puede ver lo bueno en sí mismo, habla mal de usted mismo y actúa tanto que convence a los demás de que realmente no es digno del amor de los demás. Lo más probable es que se alejen o lo abandonen, o que cree vínculos tóxicos. Incluso puede atraer a personas que no se preocupen por sus necesidades y que desaparecerán al conocerlo mejor.

Cuestionario: ¿Qué tan dominante es su sombra?

1. Creo que hay algo malo dentro de mí que me obliga a controlar constantemente todo a mi alrededor.
2. Siento que nada de lo que hago es lo suficientemente bueno, no importa todo lo que logre o lo que otros digan al respecto.
3. Mi necesidad de tener el control de todo evita que alguien se acerque demasiado a mí y perjudica mis relaciones.
4. Tengo problemas para ver lo bueno en mí mismo y reacciono exageradamente cada vez que alguien me hace un cumplido.
5. Mi estado de ánimo depende de lo que está pasando a mi alrededor. Si la gente comienza a hacer un alboroto, me será difícil seguir siendo feliz.
6. No me siento conforme conmigo mismo a pesar de que los demás no vean el problema.

7. Mis proyectos a veces van mal y parece que las cosas se están desmoronando a mi alrededor, a pesar de mis mejores esfuerzos.

8. Todo a mi alrededor parece desmoronarse porque estoy demasiado apegado y mis emociones se interponen en mis proyectos.

9. De repente, me siento abrumado por emociones negativas.

10. De alguna manera siempre digo o hago algo que arruina mis posibilidades de éxito.

Si respondió "sí" a seis o más de estas preguntas, es probable que su sombra tenga un rol dominante y le sugiero que comience a trabajarla.

Capítulo 2: Descubra y acepte su sombra

Antes de hablar sobre lo necesario para descubrir su sombra (y en última instancia sentirse cómodo con ella y aceptarla), necesitamos definir los conceptos de "descubrimiento" y "aceptación". El proceso de descubrimiento consiste en encontrar algo que siempre ha estado en su lugar. Se trata de revelar su ubicación o paradero. El punto a tener en cuenta aquí es que a veces no se puede encontrar lo que uno está buscando y es por eso que muchas personas ni siquiera saben que tienen un aspecto oscuro. De hecho, es posible que en este momento piense en alguien específico y no pueda ni imaginar que esa persona tenga un lado oscuro. Por ejemplo, la idea de que la Madre Teresa tuviera un lado oscuro es algo que muchos no pueden comprender.

"Aceptación" significa llegar a un acuerdo con la existencia o la verdad de algo. Se trata del proceso de conocer alguna cosa y saber que es válida tal cual es, en lugar de intentar deshacerse o luchar contra ella. Al enterarse que tenemos una sombra, algunas personas buscan eliminarla, pero no es así que funciona. Debe integrar la sombra con la luz pues es una parte más de usted. Si rechaza una parte de usted mismo, solo se volverá más indefenso ante la sombra. De hecho, el rechazo es lo que dio vida a su lado oscuro en primer lugar.

Qué significa descubrir y aceptar su sombra

Puede que tenga dificultades para creer que tiene un lado oscuro, pero piénselo de esta manera. Todo el mundo tiene oscuridad dentro de sí. Tal vez sea propenso a ser innecesariamente malo a veces o a disfrutar de la desgracia de los demás. O, tal vez su parte más insegura quiera que todos a su alrededor sean tan miserables e inseguros como usted para que validen sus sentimientos. El punto es que todo el mundo tiene algún tipo de aspecto oscuro, pero no significa que sean personas malas. Significa que su lado oscuro está constantemente allí, pero se mantiene en secreto hasta sentir la necesidad de revelarse. Cuando su sombra aparece y se activa, usted puede o no estar de mal humor. Puede que esté en un estado pesimista o ansioso, pero la persona que está dentro (que ha estado reprimida durante tanto tiempo) podría ser mucho peor de lo que cree.

Muchas personas temen tanto a su lado oscuro que viven como si no existiera. Esto puede ser un mecanismo de defensa, pero también una forma de negar su verdadera esencia o su lado oscuro. Es por eso que es esencial descubrir y aceptar su sombra. Es la mejor manera de lograr el bienestar espiritual y el despertar.

¿Qué es el despertar espiritual y cómo está conectado con su lado oscuro?

El despertar espiritual es un término amplio que se refiere a la experiencia de pasar de ser inconsciente e ignorante a ser más consciente y conocedor. Esto incluye tener control sobre sus situaciones de vida, pensamientos y emociones. Se trata de despertar al significado de la vida. Para tener una idea más clara de lo que esto significa, analicemos ese proceso de pensamiento a través de los ojos de Carl Jung.

Carl Jung creía que, para volvernos más conscientes, debemos confrontar nuestras partes oscuras y hacer las paces con ellas. Para hacer esto, debemos liberar lo reprimido y retorcido dentro de nosotros. Debemos dejar ir el dolor y el sufrimiento que una identidad errónea o el ego puede causar. También debemos aceptarnos a nosotros mismos y darnos cuenta de que todos somos seres humanos que cometemos errores. Al mismo tiempo, debemos reconocer nuestro potencial de grandeza y hacer lo que sea necesario para alcanzarlo en su plenitud.

Todo esto está conectado a un concepto llamado "individuación". Básicamente quiere decir que su identidad o ego se individualiza y ya no es como los otros, sino que está moldeado por su perspectiva y experiencias de vida. La individuación es uno de los conceptos más importantes en psicología, especialmente porque se aplica también a su sombra. Abrazar sus pensamientos y emociones inconscientes y aprender a trabajarlos conduce a la individuación y al despertar espiritual.

Por qué debe aceptar sus defectos para progresar espiritualmente

Aceptar sus defectos les quitará el poder que tienen sobre usted: una de las formas en que puede comenzar a despertar su lado oscuro es aceptándolo. O deja de luchar contra él o intentará esconderlo de los demás. Debe darse cuenta de que su lado oscuro está bien y es parte de lo que usted es. Admitir que tenemos estas perspectivas y creencias defectuosas puede ser muy oscuro y doloroso, pero mientras no las rechacemos, no serán capaces de controlarnos, enfermarnos o angustiarnos.

Aceptar sus defectos lo ayudará a crecer: otro beneficio de aceptar sus defectos es que lo ayudará a ser más consciente de las cosas. Si vive luchando constantemente y escapando de su lado oscuro, es difícil ser consciente y ver que todo en este mundo ayuda a dar forma a su personalidad. Sin embargo, aceptar todo eso que compone su personalidad le dará una mayor perspectiva. Todos tenemos nuestros defectos. En lugar de avergonzarse por estas características humanas, acéptelas y haga algo al respecto.

Aceptar sus defectos le permitirá ser usted mismo: cuando acepte sus defectos comenzará a darse cuenta de que usted no es quien pensaba que era. Por ejemplo, alguien cree que es una persona amable y amorosa, pero luego descubre su lado oscuro que quiere lastimar a las personas. Esto puede ser muy confuso y aterrador porque nos criaron para creer que si nos comportamos mal nos sucederán cosas malas. Sin embargo, supongamos que dejamos de luchar contra nosotros mismos y aprendemos a aceptar quiénes somos y qué nos está enseñando nuestro lado oscuro. Así es más fácil ver la verdad sobre uno mismo. Cuando uno se enfrenta a uno mismo, puede trabajar efectivamente para mejorar.

Aceptar su lado de luz y también su lado oscuro lo ayudará a ser más objetivo: al aceptar todo sobre quiénes somos y lo que moldea nuestras personalidades, dejamos de proyectar nuestros defectos en otras personas. Por ejemplo, si vive luchando contra pensamientos negativos, puede proyectar estos pensamientos en las personas que lo rodean. En lugar de asumir la responsabilidad, es más fácil culpar a los demás. Este patrón es muy común y conduce a peleas, discusiones y conflictos que pueden destruir las relaciones.

Señales de descubrimiento y aceptación de la sombra

Veamos seis señales que indican que está encontrando y aceptando su sombra.

1. **Las acciones de los demás ya no lo hacen reaccionar como antes:** cuando comienza a aceptar su sombra, el mundo se siente un lugar más seguro y justo. Ahora que ha aceptado su verdadero ser, lo que otras personas hacen ya no es un desencadenante. Estar molesto con la gente por sus acciones es solo un malentendido y no se trata realmente de quiénes son estas personas para usted.

2. **Ya no niega los hechos ni culpa a los demás:** esta es una señal clave de que está descubriendo y aceptando su sombra. Ya no niega su verdadero ser ni la enseñanza que transmiten esos pensamientos negativos. Se da cuenta de que no hay nada malo en usted y en su subconsciente. Esos pensamientos son solo una proyección de cómo se siente en el fondo. Deje de culparse a sí mismo y a los demás por sus luchas.

3. **Ya no se molesta ni se enoja con el lado oscuro de los demás:** se da cuenta de que todos los seres humanos tienen un lado bueno y un lado malo. Estos rasgos de carácter pueden surgir en diferentes momentos de la vida de una persona. Su personalidad actual es el resultado de sus experiencias anteriores. Todos hemos sido criados por padres defectuosos o en un entorno que no es perfecto.

4. **Ya no tiene miedo de que lo vean y escuchen:** al aceptar su sombra, obtiene el coraje para salir de la clandestinidad. Ya no teme a la luz porque se da cuenta de que *no puede hacerle daño*. Después de todo, sus partes de luz y oscuridad conforman su ser y su personalidad. Es otro gran paso en el proceso de cura, ya que le permite hacer lo que siente sin vivir en una mentira.

5. **Ya no se siente solo o aislado:** es común que las personas con un lado oscuro no trabajado se sientan desconectadas de los demás

porque tienen problemas para aceptar sus defectos y ser vistas en público. Sin embargo, una vez que lo trabajan y lo aceptan, ven que no hay nada malo en ellos y comienzan a disfrutar de la compañía de los demás nuevamente.

Efectos secundarios del trabajo de sombras

Empieza a darse cuenta de cómo se ha engañado a usted mismo.

Al abordar el trabajo de sombras, es probable que de repente note cómo su mente ha distorsionado la forma en que percibe el mundo y cómo se percibe a usted mismo. Descubrirá que algunas de sus percepciones son completamente irreales. También será más paciente con aquellas personas que aún no han conseguido ver su verdadera esencia.

Consejo: Al principio, puede ser bastante problemático ver que ha estado ciego tanto tiempo. La clave es ser amable con uno mismo. No se rebaje al autodesprecio o a la autocompasión.

Se da cuenta de lo mucho que ha luchado por controlar todo. Ya no necesita hacer eso.

Es posible que haya intentado reprimirse para no expresarse abiertamente o tal vez haya intentado controlar a los demás para crear su versión "ideal" de la vida. Cuando trabaje su sombra, comenzará a darse cuenta de la inutilidad de intentar que todo sea perfecto. Naturalmente, renunciará a su necesidad de estar todo el tiempo controlando todo, y será muy liberador.

Consejo: Al principio, dará mucho miedo. Esto se debe a que ha pasado toda su vida asegurándose de que no surjan imprevistos. Ha vivido siempre preparado para los escenarios más improbables. Comparemos esto con una montaña rusa. Ya está en el viaje. No puede bajarse hasta que termine. Debería cambiar esos gritos de terror por emociones positivas y fluir con el proceso.

Solemos desarrollar una especie de visión de túnel cuando se trata de nuestra creatividad.

Aceptar su sombra significa que podrá conectar fácilmente con su lado creativo sin distraerse. Podrá desarrollar la capacidad de unir diferentes conceptos. El problema es que algunas personas no saben basar su creatividad en el realismo porque es algo completamente nuevo y podría llevarlos a tomar decisiones perjudiciales, sobre todo en sus relaciones.

Consejo: Disfrute de su nueva creatividad, pero tómese un momento para absorber lo que realmente está sucediendo a su alrededor para no perderse las cosas importantes.

Puede parecer una persona fría y distante.

A medida que se involucre más en el trabajo de sombras, descubrirá que es más consciente de lo que otros eligen hacer y decir, y podrá ver la raíz de todos sus motivos. Su capacidad para ver el corazón de una persona "despreciable", como un asesino en serie, por ejemplo, lo llevará a tener una visión diferente de las cosas. No es que justifiquemos su comportamiento, pero es posible que pueda ver todo el trauma y las heridas del pasado que lo han llevado a convertirse en quien es. Algunos pueden pensar que está defendiendo al mal, pero no es así. Simplemente es más consciente de las motivaciones y más compasivo.

Consejo: Siempre esfuércese por la comprensión mutua en su comunicación con los demás. No debería tener problemas para conectarse con quienes le importan. Además, quienes lo conocen saben muy bien que usted no es una persona distante.

Ya no le interesan las formas convencionales de hacer las cosas.

El problema con nuestra cultura y lo que apreciamos dentro de la sociedad es que la sociedad también tiene sus sombras. La sociedad siempre clasifica todo en "bueno" o "malo". Es una realidad que cuando las personas tratan de ser buenas, sus sombras incluirán todo aquello considerado "malo". Aquellas personas conscientes de sus sombras ya no se permiten sentir vergüenza por sus comportamientos "incorrectos" y eligen perdonarse a sí mismas. Saben que estos deseos existen dentro de todos nosotros y no les importa si el mundo y sus tradiciones los consideran terribles. Tal vez, en el pasado, usted era un cristiano que realmente creía que ser rico era algo malo. Pero ahora se ha dado cuenta de que si bien su deseo de ser rico podría ser mal visto por algunos cristianos, a usted ya no le importan esas creencias. Ya no lo definen. Puede vivir su vida siendo auténtico.

Consejo: Trate de tener paciencia con los demás. No todos son conscientes de las restricciones inherentes a la tradición y la cultura, y algunas personas necesitan esas estructuras para tener sentido de propósito y estabilidad en sus vidas. No los juzgue.

Cosas que puede hacer para descubrir su sombra

1. **Mire hacia adentro:** encuentre un lugar tranquilo donde pueda sentarse solo y escuchar lo que dice su subconsciente. Si está asustado o nervioso, reconozca esos sentimientos y continúe escuchando lo que dice su interior.
2. **Enfréntese a las cosas que lo asustan:** sea cual sea su fantasma, es momento de dejar de correr y empezar a enfrentar sus miedos. Al hacer esto repetidamente, se dará cuenta de que no hay nada que temer porque todo dentro de usted es normal y correcto.
3. **Acéptese:** incluso con esas cosas que no le gustan de usted mismo.
4. **Deje de luchar contra usted mismo:** una vez que haya aceptado quién es, deje de luchar contra su lado oscuro. En otras palabras, renuncie a la idea de no ser negativo. Comience a ver los sentimientos negativos como una parte normal de su ser y su personalidad.

Cuestionario: ¿Ha descubierto y aceptado realmente su sombra?

1. ¿Ha aceptado a su verdadero yo?
2. ¿Puede aceptar los aspectos negativos de su personalidad viéndolos como una parte normal de su personalidad?
3. ¿Acepta a los demás como son, incluso cuando sus *acciones* le molestan o le duele?
4. ¿Le resulta más fácil procesar sus emociones negativas y no juzgar a los demás?
5. ¿Ha dejado de culpar a los demás por la ansiedad, la ira, el miedo, la tristeza, los problemas en las situaciones sociales, etc.?

Si respondió sí a tres de las cinco preguntas, significa que está progresando con su trabajo de sombras. ¡Siga trabajando!

Capítulo 3: El efecto espejo de la sombra

Los espejos son muy importantes dentro de la espiritualidad. Son herramientas para descubrir su esencia y saber *exactamente* qué es lo que necesita para sanar. Dentro de la psicología cognitiva, existen muchos estudios que usan espejos para trabajar la autoconciencia y la autoidentidad. No solo en términos de trabajar con un espejo real y ver lo que el mundo refleja para usted. Su experiencia del mundo es también es un reflejo de usted mismo. Es una verdad difícil de digerir, pero cuando lo piense, verá que es necesario que usted cambie primero si quiere que cambie el mundo que lo rodea.

Pensemos un poco más en el concepto de reflejo. El espejo devolverá exactamente lo que está usted observando. Ese reflejo no tiene ningún tipo de imperfección. Copiará sus expresiones exactas y puede afectarlo emocionalmente a nivel inconsciente. Por ejemplo, verse sonreír en el espejo naturalmente le transmitirá sentimientos de felicidad.

Trabajo con espejos

El efecto espejo le permite ver la verdad de su alma
https://www.pexels.com/photo/photo-of-man-looking-at-the-mirror-1134184/

El trabajo con espejos es algo simple que cambiará su vida y le ayudará a integrar todos los aspectos de su sombra, incluidas sus heridas. Esto le ayudará a aprender a amarse verdaderamente. Arraigada en las filosofías de Carl Jung, la técnica de trabajo con espejos fue creada por Louise Hay para enseñar a las personas a amarse a sí mismas. Se supone que le ayuda a cambiar la forma en que se relaciona con usted mismo para cambiar la forma en que se relaciona con los demás y con el mundo. Le enseñará a amarse y cuidarse por completo.

Si se mira en el espejo durante cinco minutos, manteniendo el contacto visual y siendo gentil, notará que surgen algunas emociones interesantes. Puede comenzar a sentirse incómodo o un poco avergonzado, e incluso puede comenzar a juzgarse y odiarse a sí mismo. La pregunta es: ¿por qué sucede esto?

Según Louise Hay, el espejo siempre mostrará lo que uno siente por sí mismo. Le permite saber por qué no se ama del todo y qué cosas le gustan de usted. También puede revelarle los pensamientos de los que debería deshacerse o que debería comenzar a implementar para sentirse más pleno. Andy Fox dijo: "En nuestro propio espejo, podemos ver la verdad del alma". No puede esconderse de la verdad. Llegará a un nivel de intimidad que puede hacerlo sentir incómodo si no aprende a silenciar a su crítico interior. Las ideas que ni siquiera sabía que tenía sobre usted mismo saldrán a la superficie, a la mente consciente.

Los beneficios del trabajo con espejos dentro del trabajo de sombras

Ambas cosas pueden ser muy incómodas al principio, pero al continuar con el proceso, encontrará la cura. Estos son algunos de los procesos más poderosos del ascenso espiritual. Para esto, no necesita gastar dinero ni aislarse de su vida. El trabajo con espejos es algo que puede incorporar fácilmente a su vida diaria. Solo necesita un espejo, una mente abierta y la capacidad de permanecer presente durante todo el proceso. Motivos para considerar el trabajo con espejos:

Es una forma de amor propio: aprenderá a amarse verdaderamente. Es un proceso que lo ayudará a reflexionar sobre su luz interior y abrazarla por completo. Puede ser bastante difícil cuando su autoimagen ha sido herida, pero no tendrá ningún problema en curarse con un proceso tan simple. Aprenderá a amar a la persona que está en el espejo al aceptarla con todas sus características. No es tarea fácil, ya que las heridas del pasado pueden dificultar que se acepte y se ame del todo.

Se verá obligado a enfrentar las partes de las que no está orgulloso: aprenderá a enfrentar y amar las partes de su pasado de las que no está orgulloso y a enfrentar quién es y qué es lo que lo hace ser quien es hoy. Admitirá sus errores, incluso aquellos de los que se arrepiente y que le hacen sentir horrible. Es parte del proceso de sanación. También puede elegir perdonarse porque el perdón es parte del proceso de cura.

Aprenderá a ser vulnerable: aceptará sus vulnerabilidades y las abrazará como una parte natural de estar vivo. Es otra forma de protegerse. No puede cambiar su pasado ni sus errores. Tendrá que trabajarlos para aprender a aceptarse.

Aprenderá a dejar de juzgar: una de las partes más poderosas del trabajo con espejos es que dejará de lado todos los juicios y críticas que tiene contra usted. Esto ayudará a abrir su mente y corazón para que sean más propenso a curarse. También aprenderá a amarse usted mismo y a los demás. Cuando su mente esté libre de juicios, ya no se sentirá atrapado en una prisión de negatividad y dolor. En cambio, se sentirá como un libro abierto, listo para recibir toda la cura que necesita.

Aprenderá a aceptar a los demás: cuando su mente esté libre de juicios, podrá ver a los demás no como un reflejo de su propia sombra o por como lo están lastimando o molestando, sino por lo que realmente son y cómo se sienten sobre sí mismos. Comenzará a aceptar a los demás por sus dones y aprenderá a amarlos en sus propios términos. En lugar de seguir pensando cómo deberían ser las cosas o qué deberían hacer los demás, se amará a sí mismo y se preocupará por su propia vida.

Guía para el trabajo con espejos

1. **Comprométase:** cuando se trata del trabajo con espejos, primero debe tomar la decisión de hacerlo. Es una buena idea dedicar de dos a cinco minutos por día. Lo ideal serían diez minutos por sesión.

2. **Busque su mejor hora del día para hacer este trabajo:** no existe un horario mejor que otro. Algunos hacen su trabajo con espejos cuando se despiertan y otros antes de ir a la cama. Si quiere, puede hacerlo cada vez que pase por un espejo. Si no tiene acceso a un espejo, puede usar la opción de selfie de su teléfono. También va a necesitar algo de privacidad.

3. **Elija sus afirmaciones:** puede crear sus propias afirmaciones y trabajar con ellas. Las necesitará para contrarrestar los pensamientos negativos que surjan mientras se mira en el espejo. Estas palabras le ayudarán a reprogramar su mente para pensar mejor sobre usted mismo. Podría trabajar con muchas afirmaciones ya escritas, pero en mi experiencia, es mucho mejor permitir que fluyan espontáneamente en respuesta a lo que esté sintiendo. Por ejemplo, si nota una sensación de incomodidad al estar sentado frente al espejo, puede afirmarse: "Tengo un corazón y un alma encantadores" o "Me siento cómodo conmigo mismo y me acepto tal como soy". Al final de esta guía, encontrará algunas afirmaciones con las que puede trabajar.

4. **Repita su afirmación sintiendo cada palabra:** debe repetir cada afirmación al menos diez veces. Puede decirlas en su mente o en voz alta. No haga 100 repeticiones como algunos recomiendan, no queremos que esto se convierta en una tarea tediosa o llegar al punto en que las palabras pierdan significado y sentimiento. Asegúrese de reflexionar realmente sobre lo que cada palabra significa para usted, ya que esto hará la diferencia. Asegúrese de

mirarse fijamente a los ojos al afirmar sus palabras. También puede usar su nombre. Eso llevará el mensaje más profundo y rápido a su mente inconsciente.

5. **Abrace las emociones que surjan:** en este proceso, sentirá todo tipo de emociones. Sea lo que sea que surja, permítase sentirlo. Está bien reír, llorar o reaccionar de cualquier manera que le parezca natural. Abrazarse es también una buena práctica. Puede sonar tonto, pero realmente lo sentirá. Algunas de las cosas que siente pueden venir de su infancia y pueden ser realmente intensas. Si eso sucede, debe estar preparado para abrazar a su niño interior herido. Use palabras tranquilizadoras. Hágale saber que está aquí para él, ámelo y entiéndalo.

6. **Sienta su corazón:** póngase la mano en el pecho durante el trabajo. Es posible que desee frotar esa área en forma de círculo o acariciar con suavidad o firmeza. Simplemente haga lo que sienta en ese momento. Si se siente demasiado abrumado, puede tomar un descanso y retomar el proceso más tarde. Lo más probable es que lo que surja en ese momento sea *exactamente* lo que necesite sentir y será lo correcto. No deje que sus emociones y pensamientos lo asusten. La mano sobre su corazón le ayudará a conectarse con su cuerpo y su verdadero ser y lo pondrá en contacto con la vibración del amor.

7. **Escriba lo que descubre:** para su trabajo de espejo necesitará un diario. Durante el proceso obtendrá una visión de su lado oscuro y aprenderá lo que debe hacer y cambiar para ser una persona completamente integrada. Al escribir sus ideas, tendrá material para reflexionar luego y saber cómo encarar una vida mejor. Su diario no necesita ser organizado, y no necesita escribir tanto sobre cada sesión. Solo anote lo que siente y las sensaciones que surgieron durante su sesión. No necesita hacer una entrada en su diario todos los días, pero vale la pena tener un espacio para sus nuevos conocimientos. Es una buena herramienta para ver lo lejos que ha llegado.

Descubra su sombra en acción

La realidad es que la sombra *no es algo fácil de encontrar*. Es esa parte de usted que está bien oculta, hasta el momento en que sabotea su vida y no tiene más remedio que hacer una pausa y comenzar a cuestionarse. Aquí hay algunas cosas que puede hacer para encontrar su sombra.

1. **Observe cuando juzga a las personas.** Cuando juzga a los demás, lo crea o no, en realidad se está juzgando a sí mismo. La razón es que las cosas que le molestan de los demás son las mismas cosas que puede reconocer consciente o inconscientemente en usted. Sus juicios están arraigados en sus debilidades. Esa debilidad es lo que le enseñaron a suprimir de joven y durante toda su vida adulta, haciendo que se convierta en parte de su sombra. Otra cosa a tener en cuenta sobre el juicio es que solo juzgamos a aquellos que sentimos "inferiores" a nosotros y que podremos dominar. Sin embargo, nuestros juicios hablan más de nosotros y nuestras inseguridades que de los demás.

2. **Observe cuando proyecta sus problemas en otras personas.** La proyección de sombras es algo real. Nos metemos en un proceso para no lidiar con nuestros problemas. En lugar de controlarlos, parte del proceso de rechazo es que derivemos todas las emociones y pensamientos sobre nosotros mismos a otra persona. Cuando no le gusta una cierta cosa sobre usted, tiende a verla en los demás, esté allí realmente o no. Cuanto más proyecta sus problemas en los demás, más alimenta su sombra. Por ejemplo, podría considerar a alguien demasiado engreído y en realidad el arrogante es usted. ¿De qué otra manera sería capaz de reconocer ese atributo? Es por eso que aquellos que engañan a sus parejas o les mienten acusarán a sus seres queridos de hacer lo mismo. Las personas a las que no les gusta su cuerpo se suelen reírse de la apariencia de los demás.

3. **Preste atención a los gatillos.** Cuando algo le despierta una emoción intensa, deténgase y preste atención. Al volverse más introspectivo, es probable que vea que su sombra comienza a asomarse. Los gatillos suelen ser restos de algún evento traumático que podemos haber "olvidado" a través de la represión. Son su talón de Aquiles. Si se toma el tiempo de comprender sus gatillos, aprenderá más sobre su sombra.

4. **Observe su tendencia a lastimar a las personas cuando siente que no hay consecuencias.** Por ejemplo, supongamos que comienza a engañar a otros usuarios en línea. Usted es plenamente consciente de que no es lo correcto, pero lo hace de todos modos. ¿Por qué? Su sombra se da a conocer en momentos en que no hay

consecuencias que enfrentar por sus acciones y palabras. No tiene miedo de mostrar los peor de usted porque, en lo que a usted respecta, "nadie lo sabría". Así que fíjese en cómo lidia con las cosas cuando no hay nadie alrededor. Incluso si está a punto de hacer un acto de caridad, haga una pausa y piense si lo haría incluso sin nadie alrededor.

5. **Observe cómo trata a aquellos de los que está a cargo.** Por ejemplo, podría estar pasando un mal momento en casa, o su jefe podría haber llegado con un nuevo problema a la oficina. Tal vez piense que no hay nada que pueda hacer con su pareja o su jefe y decide eliminar sus frustraciones en las personas que usted tiene a cargo. Por ejemplo, podría tener arrebatos injustificados de ira en aquellos que usted lidera, incluso sus hijos. Incluso podría descargarse con cualquier extraño que se cruce en su camino.

6. **Preste atención a su tendencia a posicionarse como víctima.** Considere si vive poniéndose en posición de víctima, con esa actitud de "ay de mí", revolcándose en la autocompasión. Cuando llegan los problemas, en lugar de buscar su parte de responsabilidad, culpa a otras personas. La responsabilidad no es lo suyo. Además, es probable que tenga problemas para confiar en las personas. Se considera indefenso y débil, aunque, de alguna manera, ese es un mecanismo de control para lograr que otros hagan su voluntad por falsa obligación o culpa. No sabe poner límites, lo que sumado a su baja confianza, lo hace muy propenso a ser engañado. Tiene una actitud de "yo contra el mundo" y siempre está buscando pelea. Aquellos que continúan haciéndose las víctimas tienden a sentirse miserables por eso, lo que fomenta problemas como la depresión y la ansiedad. Si usted se identifica con estas descripciones, sepa que la victimización es una de las formas en que la sombra se presenta.

Capítulo 4: La sombra y la autenticidad

La autenticidad se trata de ser quien realmente somos. Vivimos en un mundo donde atreverse a ser uno mismo puede ser un motivo para ser "cancelado" y considerado no apto para formar parte de un grupo. En parte, podemos culpar a las redes sociales, donde todos quieren ser especiales y seguir a la manada sin pensar en la propia esencia. Las personas con opiniones diferentes están siendo silenciadas. Aquellos que no tienen suficiente coraje para mantener su punto de vista sienten la presión de concordar con las masas porque han visto lo que sucede cuando van en contra.

Como resultado, ya no se encuentran muchas personas auténticas. Muchos de nosotros suprimimos las verdades que sentimos que nuestra tribu no aceptará. Esto, por supuesto, hace que nuestra sombra se haga más fuerte. En el sentido real, la autenticidad es ser quien uno es, independientemente de si alguien está de su lado o no. Es atreverse a ser uno mismo, presentar sus verdades ante las amenazas de ser excomulgado de algún grupo o "cancelado" en Internet. Esto, por supuesto, no es nada fácil. Puede ser una lucha constante para no sentir la necesidad de curar las mejores partes de mí mismo. Luchamos con esto todos los días, algunos con más conciencia que otros.

La falta de autenticidad, la sombra y el crecimiento espiritual

Cuando no es fiel a su esencia, está reprimiendo los aspectos que considera indeseables y naturalmente fortalecerá su sombra. Es prácticamente imposible crecer personal y espiritualmente si no nos mantenemos fieles a nosotros mismos. Como dice Carl Jung, "Aquello que más necesitas se encuentra donde menos quieres buscar". Si últimamente se ha sentido atrapado en la rutina, quizás deba considerar qué tan auténtico ha sido este último tiempo.

Para crecer espiritualmente, va a tener que vivir de manera auténtica. Debe seguir los impulsos de su alma. Pero si cada vez que lo intenta permite que lo silencien, estará cada vez más lejos del crecimiento y la expansión espiritual.

Debe desarrollar el coraje para enfrentarse a sí mismo, a su sombra y a su comportamiento hipócrita. Cuanto más lo posponga, más daño se hará y más dañará sus relaciones y su vida. En este viaje interior de autodescubrimiento y autenticidad, muchas personas experimentan las profundidades de la desesperación. Es lo más natural. Recuerde que necesita esta oscuridad para ver la luz.

Tomar conciencia de nuestros patrones compulsivos (e iluminar aquellos que son inconscientes) ayudará a unificar ambas partes de nuestra psique. Hay muchas maneras de interpretar este proceso de crecimiento espiritual en la práctica, pero una cosa es segura: necesita enfrentar su sombra. Evitar ese enfrentamiento lo llevará a aislarse y estancarse.

Necesitamos crecer para poder conocernos a nosotros mismos, por eso es importante reconocer nuestros errores y aprender de ellos. A veces es todo lo que necesitamos para liberarnos de una perspectiva de autodesprecio. Debemos tomar conciencia de nuestro inconsciente, abrazarlo y saber que es una parte esencial de lo que somos.

Cuando se sienta atrapado, trate de llevar su sombra a la conciencia desde un espacio externo. Trata de no agregar juicios o críticas a ningún aspecto de sí mismo (o de los demás). Entienda que este sentimiento está arraigado dentro suyo y que es parte de la forma de lidiar con las cosas. No hay necesidad de culpar a nadie ni a nada. Simplemente observe cualquier pensamiento que surja y permanezca quieto.

La represión genera regresión

Una de las mejores maneras de identificar algo que está reprimiendo es buscar patrones y comportamientos que retengan estas partes de sí mismo. Es importante entender que cuanto más reprimimos, más fácil nos resulta hacerlo. Esto nos hace más susceptibles a catalogar a las personas como "malas" y obsesionarnos con ellas. A veces resulta fácil entender por qué las personas se sienten de esa manera cuando tienen una relación negativa con ciertos aspectos de su personalidad.

¿Cómo puede encontrar la paz interior si vive reprimiendo una parte de sí mismo? Espiritualmente hablando, no conseguirá avanzar. Reprimimos nuestra verdad porque el miedo nos mantiene encerrados en un ciclo de supresión continua de nuestra sombra. Cuando dejamos de correr y escondernos de estas partes de nosotros mismos y finalmente las abrazamos, comienza un largo camino hacia la confrontación de nuestros miedos. Esto puede traer grandes beneficios a aquellos que están abiertos al proceso.

La sombra no es solo algo que nos afecta o influye internamente, también afecta nuestra *realidad* externa. Podemos ver esto en algunas situaciones políticas donde las personas asumen las características de la persona que están desprestigiando.

Cuando reprimimos nuestra sombra, le damos poder sobre nosotros, haciéndole saber que no lucharemos y que nos dejaremos gobernar. En algunos casos, las personas guardarán rencor contra otros y dejarán que su estado emocional los controle.

Enfrentarse a su sombra es uno de los mayores desafíos que enfrentará. Necesitará mucho coraje. Acepte que la sombra se esconde dentro de los recovecos del inconsciente y que está compuesta en gran medida por impulsos instintivos reprimidos.

Póngase en guardia y luche por lo que quiere

Cuando no somos fieles a nosotros mismos, es fácil entrar en un ciclo de autodesprecio donde nos sentimos atrapados en nuestros cuerpos y mentes. A menudo nos juzgamos con dureza, y así también juzgamos a los demás. El primer paso es siempre observarse sin emitir juicios o críticas, simplemente observar.

Necesitamos observar estos patrones y comportamientos en nuestras vidas y ver cómo nos afectan. Permítase obtener la mayor cantidad de información sobre estas partes "oscuras" y luego suéltelas con amor. Así comienza el despertar espiritual y la autenticidad.

Algunas personas aprenden a ignorar u ocultar la sombra, mientras que otras la disimulan negativamente. Algunas personas se ven más afectadas por su sombra que otras, pero todos sufrimos por nuestro egoísmo. Es normal, es parte de ser humano, pero no es algo a lo que tengamos que resignarnos.

Para salir de esta existencia sombría y ser auténticos, debemos iluminar nuestros comportamientos inconscientes y compulsivos. Cuanto más luchemos, más fuerte se aferrará a nosotros. Cuanto más lo dejemos ir, menos efecto tendrá en nosotros. Aprenderá a aceptar que tiene un lado oscuro, al igual que todos los demás.

Una guía para identificar su verdadera esencia

Identificar su verdadera esencia es un proceso muy íntimo y requiere voluntad de explorarse a uno mismo. No se trata de ser perfecto, se trata de ser real y aprender a aceptar esa parte de usted que realmente no le gusta.

Cuando es joven, a menudo no tiene las herramientas necesarias para descubrir su sombra o conocer su verdadera esencia. Es importante mantenerse conectado con su niño interior. Su niño siempre está esperándolo, ya que entiende que nadie lo ama incondicionalmente como usted. Anhela la aceptación y la comprensión de sus cuidadores.

Es importante ser paciente a medida que avanza en este proceso. Cuanto más tiempo tome para reflexionar, más posibilidades tendrá de descubrir lo que le hace feliz.

Hay algunas cosas que lo ayudarán a identificar su verdadera esencia:

1. **Comience a hacer un inventario personal:** piense en qué momento se siente más honesto y auténtico. Tendrá que ser valiente y decirse la verdad. No quiere seguir reprimiéndose o escondiéndose detrás de una máscara, encarnando valores que no son fieles a lo que usted realmente es. Cuando tenga claro lo que le importa, será más fácil tomar decisiones. Pregúntese, ¿dónde se siente más vivo? ¿Con quién le gusta pasar tiempo? ¿Quién saca lo mejor de usted? ¿En qué tipo de actividades le gusta participar? ¿Qué aspectos de su vida le molestan o le restan alegría? ¿Qué es lo que considera tóxico y *sabe* que debe eliminar de su vida?

A partir de ahí, puede profundizar mucho más. Por ejemplo, cuando esté en una situación difícil, tómese un segundo para entender lo que está pasando. ¿Quién está con usted cuando se siente mal? ¿Cuáles son las emociones que le atraviesan, y cuál es el precio a pagar en estas situaciones? Haga lo mismo en aquellas situaciones en las que se sienta mejor y más auténtico. Esto le ayudará a ver lo que tiene que cambiar.

2. **Viva el presente**: entienda lo que está sucediendo *aquí y ahora*. Cuanta menos atención le dé al pasado, más atención podrá darle al futuro. Cuanto más se relaje y vaya con la corriente, más fácil será actuar de manera auténtica. No piense en cosas que ya quedaron en el pasado. Cuando algún evento le despierte una emoción o sentimiento específico, déjelo ser hasta que se extinga solo. Luego tómese unos minutos, o el tiempo que sea necesario, para averiguar cómo se siente con lo que está sucediendo y sobre cómo sus experiencias pasadas afectan sus sentimientos actuales.

3. **Créese un sistema de apoyo**: una de las cosas más importantes es crear vínculos que lo apoyen y lo motiven a ser su verdadero yo. Rodéese de personas que estén comprometidas con su éxito y le ayuden a seguir avanzando. Encuentre personas que entiendan sus luchas, dudas y miedos. Pueden ser útiles cuando las cosas se pongan difíciles. Si ellos también estén comprometidos con su crecimiento personal, tendrán la integridad de no aprovecharse de su vulnerabilidad. Tener un sistema de apoyo fuerte es una de las partes más importantes de la transformación personal porque ayuda a minimizar el estrés para concentrarse en el momento presente.

4. **Siempre diga la verdad con amor y convicción**: no tenga miedo de dar su opinión. Exprese lo que realmente quiere y diga cómo se siente. Será un gran desafío e incluso puede resultarle un problema si no lo hace desde un lugar de amor y cuidado por sí mismo. Mientras venga de su corazón, los demás respetarán esa verdad por ser auténtica y no estar diluida por compromiso o falta de convicción.

5. **No se estanque en lo que piensan los demás**: otra forma de dar lugar a su verdadera esencia es no tomarse de manera personal cuando los demás le hacen algo malo o le critican sus acciones. Lo que importa es cómo tratan a quienes aman y cómo se preocupan

por ellos. Si lo ve de esa manera, verá que sus acciones dependen de cómo se sienten acerca de sí mismos. Esos son *sus problemas*, no de usted. Esto no significa que deba tolerar comportamientos abusivos, pero puede evitar el sufrimiento.

6. **Trate de ser auténtico con otra persona**: experimente ser auténtico con otra persona o incluso con varias. Se sorprenderá de los resultados, siempre y cuando esté dispuesto a correr el riesgo y abrirse. A veces puede ser incómodo, pero será una gran experiencia de aprendizaje a medida que se acostumbre a ser auténtico con los demás. Sea completamente honesto acerca de sus deseos y necesidades, incluso cuando se sienta vulnerable. La única forma de obtener lo que quiere es dejar que todo fluya y aprender de sus errores y los errores de los demás. Es importante asumir la responsabilidad de lo que sucede en lugar de culpar a la persona que ama o la situación que le está causando estrés o tristeza.

7. **Sienta sus emociones tal cual son**: las emociones no son malas, y no tiene que negarlas o reprimirlas. Aprenda a entender las señales que su verdadera esencia le envía a través de estas emociones. A medida que aumente su conciencia y contacto con el momento presente, sentirá con certeza lo que es real y lo que no. Esto le ayudará a tomar mejores decisiones, ya que su verdadera esencia se hará cargo y lo guiará hacia una vida plena, honesta y verdadera.

Capítulo 5: La sombra y las relaciones

La sombra puede afectar sus relaciones
https://www.pexels.com/photo/photo-of-people-doing-fist-bump-3184430/

¿Qué son las relaciones? Son las conexiones que existen entre dos personas. Cuando las personas hablan de relaciones, suelen estar hablando de conexiones románticas, pero es básicamente la forma en que nos relacionamos con nosotros mismos y con quienes nos rodean. Incluyen los vínculos románticos, familia, amigos y compañeros de trabajo. Las relaciones se basan en una conexión, generalmente arraigada en las emociones. Mientras esté vivo, tendrá una relación con el mundo que lo rodea. Si esa relación es cálida o fría es otro asunto.

Su lado oscuro puede afectar todas las áreas de su vida, incluso sus relaciones. La forma en que se relaciona con los demás y cómo se siente con usted mismo está en correlación con su sombra. No es que los demás le estén haciendo sentir de cierta manera. Usted está proyectando características negativas sobre las personas para protegerse.

La sombra en el matrimonio

Una cosa divertida sobre el matrimonio es que las cosas que atraen a una pareja en primer lugar son las mismas cosas que resultan ser problemáticas más adelante. Lo que una vez fue atractivo se vuelve repulsivo. Por ejemplo, digamos que un hombre se sintió atraído por la calidez de una mujer y su capacidad para conectarse emocionalmente con las personas. Más adelante, puede ver esa calidez y deseo de conexión como algo molesto. Puede pensar que la mujer es superficial y poco genuina.

En el caso de la mujer, tal vez lo amara porque era una persona confiable cuyas reacciones podía predecir fácilmente y eso la hacía sentir segura. Más tarde, esas mismas cualidades pueden llegar a aburrirla. Puede considerar su previsibilidad como algo asfixiante. Resulta que las cosas que un día admiró son las mismas cosas que hoy detesta. Las mismas cualidades que ambos amaban ahora son reetiquetadas y motivos de odio. ¿Qué es lo que ha cambiado? Técnicamente, nada. Sin embargo, ambos comenzaron a dejar que sus sombras tomaran las riendas y distorsionaran la realidad. Esto puede ser un llamado de atención para integrar la oscuridad de los individuos o de la relación.

Cómo la sombra afecta sus relaciones

Si está invirtiendo en un vínculo de amor e intimidad, es importante ponerse en contacto con su lado oscuro. El comportamiento de la sombra hace que evite responsabilidades y culpe a otras personas por sus circunstancias. Cuando exhibe un comportamiento oscuro, está actuando en función de las necesidades ignoradas de su niño interior. Es lo que le hace querer aislarse y sentir rabia y depresión. Aquellos que no han abordado su ira y ansiedad ocultas tendrán que lidiar con su lado oscuro o enfrentar las consecuencias que afectan sus relaciones.

Su lado oscuro puede causar problemas en su relación haciéndole sentir todo el tiempo que necesita protegerse de aquellos que ama. Es por eso que entra en discusiones que no tienen sentido o que son difíciles de resolver. La represión de los aspectos indeseados de su lado oscuro puede llevarlo a actuar de maneras que no son fieles a lo que usted realmente es. Tiene una máscara sobre su alma y, de esta manera, no podrá crear relaciones auténticas basadas en el amor y la verdad. Cuando no somos auténticos, el impulso es huir de las personas sanas que nos aman porque pensamos que nuestras peores partes no merecen su amor.

Por ejemplo, si vive escondiendo las partes de usted que le avergüenzan, le resultará imposible relajarse. Siempre estará atento a algo que pueda exponerlo y hacerlo sentir vulnerable. Por lo tanto, lo evita y huye antes de que eso suceda. Cuando la gente quiere acercarse, evita las formas de intimidad. Es posible que ni siquiera vea los bloqueos que tiene. Ahí está su sombra. Ese es el motivo por el que le resulta tan difícil mantener relaciones y sigue huyendo de las personas que quieren algo profundo con usted, ya sean amigos, familiares o vínculos románticos.

Atrapadas en la sombra están las emociones de culpa y vergüenza. Hay que tener en cuenta que, cuando se trata de relaciones, no existe una sola sombra, *sino dos*. Si ninguna de las partes es consciente de su lado oscuro, puede ser destructivo y problemático. No importa la relación en cuestión, es importante que todas las partes hagan el trabajo de descubrir sus sombras y trabajarlas. Si usted es soltero y está pensando en entablar una relación, sería mejor sentarse a trabajar en sus problemas de sombra antes de conectarse con otros. De lo contrario, las posibilidades de acabar en un vínculo tóxico son bastante altas.

La clave para sanar relaciones

Entender su sombra es el primer paso importante para cultivar mejores relaciones. ¿Qué significa conocer los rasgos ocultos de uno mismo? Se trata de observar las reacciones y reconocer aquellas que no vienen de un lugar de amor, sino de un lugar más oscuro. También es bueno darse cuenta cuando su pareja actúa desde su propia sombra. Cuando se familiarice con su sombra, notará que ya no reacciona por impulso, y que sus acciones están arraigadas en la compasión. Notará que usted y su pareja son seres humanos merecedores de respeto y amor y no están simplemente destinados a cumplir los deseos egoístas del otro.

Ser amigable con su lado oscuro le permitirá vincularse de una manera más saludable. Simplemente debe llegar a un acuerdo con las emociones, impulsos y necesidades que ha escondido. Así, podrá entenderlos y reconocerlos cuando surjan. También podrá comunicárselo a su pareja, quien, tal vez pueda ayudarlo. Cuando se trata de lidiar con las sombras, es un esfuerzo de colaboración que requiere ser abierto y honesto. No hay lugar para argumentos sin sentido.

Estar en una relación con alguien puede ser algo bueno porque ambos pueden actuar como un espejo el uno para el otro. Lo importante es que ambos sean conscientes de la importancia de mirar sus sombras. Puede usar lo que aprende de su reflejo como una herramienta para sanar las partes que aún están heridas.

Trabajar las sombras en su relación es increíblemente saludable porque los hará compasivos el uno con el otro. Lo esencial es que ambos estén dispuestos y sean capaces de profundizar en su pasado y echar un vistazo crítico a sus miedos más profundos. Cuanto más dispuesto esté a enfrentar sus sombras, mejor será su relación porque podrá reconocer las sombras de otros y tolerarlas mucho mejor que antes. No pierda más tiempo culpando a la otra persona por los temores que aún no ha resuelto y por un pasado que ya no puede cambiar. En cambio, agradezca la oportunidad que le han dado al actuar como espejo. Así es como se desarrollan relaciones sanas y duraderas.

Guía para trabajar la sombra y mejorar las relaciones

1. **Encuentre la diferencia entre la sombra y el ego**: la sombra es lo que le hace ser quien es. También es lo que lo hace humano. El ego tiene que ver con el poder y el actuar de una manera autoconsistente, controladora y egoísta. Mientras el ego no se esté desmoronando por dentro, puede ser controlado, reprimido o puede mantenerse escondido. Pero si su sombra comienza a influir en su comportamiento y en sus decisiones, es hora de hacerse cargo de este asunto, para que usted y los demás puedan vivir una vida auténtica.

2. **Cuídese de adentro hacia afuera**: a medida que comienza a relacionarse con su sombra, necesita cuidarse. Se trata de su salud emocional y espiritual. No puede seguir postergando las cosas o poniendo excusas por sus acciones y las de los demás. Asumir la

responsabilidad, su lado oscuro y sus fortalezas y debilidades, le permitirá enfrentar lo que sucede dentro suyo y ser honesto sobre su situación actual.

3. **Entienda que nadie es perfecto**: el camino al crecimiento personal implica cometer errores y aprender de ellos. La sombra es esa parte no consciente cuando se trata de lo que quiere y necesita o cómo se siente acerca de los demás, las situaciones o incluso su propio comportamiento. Los demás también tienen su sombra, por lo que no siempre son tan honestas y abiertas como cree que deberían ser. Trabajar con la sombra puede mejorar sus relaciones hasta cierto punto. Tenga un poco de paciencia con su pareja, ellos tampoco son perfectos. Anímelos mientras resuelven sus problemas ocultos.

4. **Acepte que la vida no es justa**: las personas más cercanas a usted cometerán errores, se aprovecharán de los demás y dejarán que sus egos se interpongan cuando sea conveniente para ellos. Para tener una relación sana con los demás, es necesario aceptar esta realidad. La forma en que los demás responden y actúan tiene que ver con sus problemas y no con usted. Deje ir sus expectativas, no los culpe ni se sienta víctima. Comience a enfocarse en sí mismo y en lo que puede aprender en el momento presente.

5. **Pare de intentar controlar a los demás:** no puede controlar el comportamiento de las personas. Es mejor centrarse en su comportamiento y cómo manejarlo en lugar de tratar que otros cambien. Cuanto más intente controlar a otra persona, peor será la relación entra ambos. Es más constructivo aprender a cambiar uno mismo que intentar culparlos por lo que hacen o no hacen.

6. **Póngase en contacto con su ira:** cuando las personas tienen un lado oscuro no trabajado, la ira reprimida de su infancia se acumula en su interior. Esto es peor si han sido abusados de alguna manera. O si han tenido problemas con la culpa y la vergüenza cuando eran niños. Ponerse en contacto con su ira significa entender de dónde viene esta emoción y abrazarla. Entenderla y usarla para aprender a ser más auténticos.

7. **Perdone:** cuando la ira se acumule, trate de perdonar a aquellos que lo han herido o traicionado. Es posible que deba dar este paso antes de perdonarse a sí mismo y a los demás. El proceso de perdonar a otra persona requiere una gran cantidad de trabajo y, a

menudo, son momentos incómodos. Una vez que perdone, sentirá una sensación de libertad que le permitirá vivir mejor su verdadera esencia.

8. **Establecer límites:** es una forma de mantener y conservar su integridad y ser honesto sobre lo que necesita o no necesita en su vida. Esto también ayuda a que los demás lo entiendan y entiendan que no pueden manipularlo o utilizarlo. Supongamos que no establece límites desde el principio. En ese caso, las personas continuarán aprovechando su poder sobre usted hasta que se vuelva inmanejable.

9. **Acepte que no es perfecto:** el mayor error que cometen muchas personas cuando trabajan en su crecimiento personal es que se apegan demasiado a la perfección. Si no lo logran, se sienten como un fracaso. La perfección es una expectativa poco realista. Necesita aceptar esto como parte de lo que usted es para que no vivir intentando estar a la altura de una versión idealizada.

10. **Trabaje para convertirse en quien es:** aprenda a abrazar su lado oscuro de manera que se sienta bien para usted. Si le gusta complacer a la gente todo el tiempo y descubre que sus miedos y ansiedades lo limitan, necesita trabajar este aspecto en lugar de negarlo. Cuanto más trabaje en su lado oscuro, más honesto y auténtico será. También se sentirá menos víctima de las circunstancias o de los comportamientos y acciones de los demás.

11. **Aprenda de sus errores:** acepte que no es perfecto y que hay una razón para las cosas que han sucedido en su vida. Si no aprende de sus errores, es probable que estos se repitan. Es necesario tomar medidas y seguir adelante con positividad.

Capítulo 6: La sombra y la sociedad

Empecemos hablando del concepto de sociedad. Según el diccionario, *sociedad* es un grupo de personas que viven en un lugar en particular y comparten ciertas creencias o costumbres. La sociedad es una forma de vida colectiva que ha surgido de nuestra necesidad de cooperar y coexistir con otras personas para sobrevivir. Pero, ¿qué pasa con el lado oscuro?

El trabajo de psicólogos y filósofos como Sigmund Freud estableció que la psique humana se puede dividir en tres partes: el ego de una persona (o mente consciente), el lado más oscuro de un individuo (a menudo llamado "sombra" o "ello") donde las emociones reprimidas se guardan y donde habitan los deseos, y finalmente, el superyó de la persona (su guía moral). Entonces, ¿cómo interactúa la sociedad con estas personalidades divididas? Lo hace a través de la cultura.

La cultura son las creencias y comportamientos cotidianos que se transmiten de generación en generación. Como puede imaginar, la cultura también influye en estas tres personalidades, ya que establece pautas para comportamientos y pensamientos aceptables.

Entonces, ¿cómo se desarrolla esto en nuestra vida cotidiana? Por ejemplo, imaginemos una situación en la que una persona comete un error que pone a todo el grupo en peligro, por lo que se les pide que se disculpen por su comportamiento. El individuo comenzará a reflexionar sobre sus acciones y creerá que hizo algo malo y debe ser perdonado. Aunque la persona se sienta culpable por haber cometido un error, no le impedirá cometer errores similares en el futuro. Entonces, ¿qué es lo que realmente sucede aquí?

La respuesta es simple: la persona se integró a la sociedad. La cultura alienta a las personas a comportarse de cierta manera y tener pensamientos específicos. Todos esperan una disculpa después de que alguien cometa un error. En este ejemplo en particular, podría ser una persona nueva en el grupo, un miembro que no está en sintonía o su jefe. Cualquiera sea el caso, usarán los "estándares" de la sociedad para guiarse en su comportamiento.

Es posible que vea ejemplos de este tipo todo el tiempo. Sin embargo, la disculpa no dice nada sobre su proceso de pensamiento. No nos damos cuenta de que cuando nos disculpamos con nuestros vecinos y familiares, estas palabras están trabajando en nuestro ego al sembrar culpa en nuestra psique.

Pero, ¿por qué debemos ser responsables de nuestras acciones en este sentido? Ese es uno de los temas que a menudo se trabajan con el lado oscuro. La sociedad le dirá que compense por sus errores, pero su lado oscuro no le creerá porque estas transgresiones son su culpa y no de usted.

Este es uno de los principales problemas con la sombra, ya que, si continúa cometiendo errores, la sociedad se cansará y eventualmente reforzará la creencia de la sombra de que usted no vale nada. Entonces, ¿qué sucede si tratamos de acercarnos a la sociedad, pero aún tenemos nuestras partes rechazadas escondidas? La respuesta está dentro de nosotros y se puede encontrar buscando un equilibrio entre el yo, el ello y el superyó.

El lado oscuro y la infancia

Uno de los aspectos más interesantes de nuestro lado oscuro es que se compone de rasgos inconscientes que ni pensamos hasta cierto punto de la vida, cuando comienzan a salir a la superficie. En otras palabras, nuestro lado oscuro es el resultado de lo que fue aprendido y modelado por nuestros padres, tutores, compañeros y otros miembros de la sociedad con los que interactuamos durante la infancia.

Cada rasgo existe porque nació durante nuestros años de formación cuando éramos demasiado jóvenes para darnos cuenta de lo que estaba sucediendo. Si aún no está convencido, repasemos juntos algunos ejemplos.

Muchos niños creen que no son miembros importantes de la sociedad y sienten que no tienen amigos o familiares a los que acudir en momentos de necesidad. Los niños que han vivido con uno solo de sus padres o que han tenido una figura ausente a menudo luchan con la sensación de que no están recibiendo suficiente atención o amor. Algunos niños crecen creyendo que no son lo suficientemente importantes como para tener algo especial porque sus padres no les dieron lo que querían o necesitaban.

Si bien es fácil ver cómo estos ejemplos podrían convertirse en pensamientos destructivos, también es posible que fortalezcan el ego. Sin embargo, es la combinación de nuestro proceso de crecimiento y nuestro modelo a alcanzar lo que determina qué rasgos de personalidad se convertirán en parte de nuestra psique. Volviendo a nuestro ejemplo de antes del individuo que pide perdón por cometer un error.

Si esta persona tuvo éxito en su desarrollo y tuvo una buena formación, aceptará el error, aprenderá de él y seguirá adelante. Sin embargo, si esta persona pasó por algún momento difícil en su infancia, su respuesta sería diferente porque probablemente sentiría que no merece ascender en la sociedad. Esto le impedirá ver la situación como una manera de aprendizaje, y lo considerarán señal de que algo anda mal con ellos mismos.

Aunque algunas personas tienen lo que se llama una personalidad "invisible" u "oscura", se puede distinguir fácilmente cuando una persona no puede diferenciar entre el bien y el mal. Esto se debe a que el ego generalmente recurre al superyó para determinar qué comportamiento es aceptable. Si no puede determinar esto por sí solo, se sentirá confundido y no tendrá idea de lo que está haciendo.

Es por eso que hay una amplia gama de comportamientos en estas personalidades. Algunos violarán las reglas sociales y serán lo que otros consideran inmoral, mientras ellos que sus acciones están justificadas. Las personas con estas personalidades no tienen una brújula moral que pueda hacer que tomen decisiones basadas en sus impulsos. Esto los hace parecer irracionales e impredecibles, pero las apariencias pueden ser engañosas porque, la mayoría de las veces, estas elecciones se hacen por miedo.

Hay diferentes maneras de interpretar lo que es el lado oscuro, pero hay una cosa que no se puede negar: que existe dentro de nosotros. Lo único que necesita es tiempo para convertirse en personalidad. Sin embargo, la mayoría de nosotros nunca llegamos a ver nuestras sombras porque están ocultas bajo capas de negación, tristeza e ira.

Nunca las integraremos ni llegaremos a ser completos porque estos rasgos permanecerán aislados e inaceptables en un mundo donde nuestras acciones determinan nuestro valor. Esta es la razón por la que muchos viven sus vidas sin llegar a conocerse a sí mismos, y también es una gran razón por la que algunos luchamos contra trastornos depresivos.

Esto no significa que deba ponerse a la defensiva cuando conozca su lado oscuro porque solo empeorará las cosas. Debe ser objetivo y ver su comportamiento desde una perspectiva externa para ver si algún rasgo puede ser catalogado como inaceptable. Recuerde, este proceso nunca debe usarse como un medio de autoflagelación. Debe usarse para comprender mejor quiénes somos como seres humanos.

Cómo reintegrarse con el lado oscuro y la sociedad

Cuando se trata de la autointegración, primero tendrá que mirarse y asegurarse de que no está evadiendo el problema. Para que este proceso funcione, necesitará aceptar su lado oscuro. Sin embargo, para que esto sea efectivo, hay algunas cosas que necesita saber sobre su lado oscuro.

Lo primero es que tiene una mente propia y actuará independientemente de lo que queramos o digamos. Lo segundo es que solo será un ser completo cuando acepte todas sus partes, incluidas las que odia. Aquellos que se odian a sí mismos evitarán cualquier cosa que los haga sentir negativos y a menudo seguirán su vida sin conocer sus verdaderos pensamientos y sentimientos.

Por lo tanto, no pueden saber lo que significa estar completos porque han abandonado su lado oscuro para protegerse del dolor. Analicemos algunas formas en que puede ayudar a su lado oscuro a convertirse en parte de su identidad personal para encontrar su lugar en la sociedad de manera más saludable.

Reconozca sus rasgos ocultos. Los demás tienen las pistas que busca: la mayoría de las personas con un lado oscuro no trabajado no se conocen hasta surgir una situación específica. Cuando reconozca sus rasgos ocultos, será una experiencia iluminadora para usted. La próxima vez que conozca a alguien, preste atención a lo que dice sobre sí mismo y sus pensamientos. Si escucha algo que no parece encajar con lo que cree que son, entonces hay una posibilidad de que parte de su lado oscuro se esté haciendo presente. Tómese el tiempo de escuchar lo que dicen porque podría ser una pista sobre los rasgos que componen el lado oscuro dentro de *usted mismo*.

Cambie sus creencias: si quiere descubrir más sobre sí mismo, debe dar lugar a ciertas cosas. Para empezar, deberá comenzar de cero y analizar detenidamente sus creencias. Deberá dejar de lado cualquier comportamiento crítico y abrirse a las cosas que suceden a su alrededor. La próxima vez que la sociedad lo juzgue y despierte emociones negativas en su lado oscuro, él encontrará una salida. Finalmente, cuando aprenda a aceptar y a cambiar sus creencias para que coincidan con lo que es como persona, nadie podrá decidir mejor que usted cuál es el tipo de vida a llevar.

Empiece a ser la persona que quiere ser: acepte su lado oscuro antes de que él decida sabotearlo. Hay ciertas cosas que usted puede hacer para que su lado oscuro sepa que usted está listo para esta integración. Para empezar, debe eliminar cualquier temor y asegurarse de que no dudará en hacer lo que sea necesario. Comience a trabajar para convertirse en quien quiere ser y deje de pensar en el juicio de los demás.

Ninguna personalidad puede reducirse a una de las tres categorías que mencionamos anteriormente. Revelar nuestra sombra no suele ser una experiencia agradable, nadie quiere enfrentar aquellas cosas que nos hacen sentir que somos "menos". Sin embargo, cuando aprenda a observarse objetivamente, descubrirá que ya no tiene que esconderse para volver a estar completo.

La sombra y el autosabotaje

No debe tener miedo a su lado oscuro, es una parte de nosotros que todos poseemos. Lo único que debemos temer es el autosabotaje que toma lugar cuando descuidamos nuestra oscuridad y nos negamos a reconocer su existencia. En ese momento, los rasgos negativos de nuestro lado oscuro serán aislados y olvidados para siempre. Quienes dar poder a los aspectos negativos de su personalidad sufrirán de depresión, ansiedad, autolesiones y sentimientos de desesperanza, entre otros. Aunque puede ser difícil enfrentar lo que somos, es mucho más doloroso vivir una vida donde sus rasgos negativos se descontrolan.

Todos en algún momento encontrarán su lado oscuro, y la única forma de saber cómo reaccionar es conociendo su propia oscuridad. ¿Cómo lo autosabotea su sombra?

La sombra le hará sentir indigno de lo que quiere en la vida: esto puede conducir a la depresión y, si no se controla, eventualmente conducirá a comportamientos autodestructivos. La sombra le hace sentir baja autoestima y que nada es suficiente. Su lado oscuro le hará creer que es incapaz de lograr lo que desea. Esto descontrolará sus rasgos negativos y los dejará sin una guía adecuada.

Se involucrará en relaciones poco saludables: cuando no es consciente de los rasgos negativos que componen su lado oscuro, se vinculará con personas que lo hacen sentir mal consigo mismo. Todos estos sentimientos negativos se alojarán en su lado oscuro, reforzando el dominio de su sombra sobre su vida.

Su sombra saboteará su felicidad: cuando estamos descontentos con nuestras partes, la sombra nos hace creer que la única manera de sentirnos mejor es hacer que otros se sientan mal consigo mismos o hacer algo para dañarlos. Nos motivará a dañar o menospreciar a las personas que amamos para sentirnos mejor con nosotros mismos. Es una reacción terrible de su sombra porque no lo ayuda a alcanzar su máximo potencial.

Saboteará su relación con los demás: nuestra sombra puede llevarnos a sentir resentimiento y enojo. Cuando se enoja, a menudo toma decisiones que lastiman a los demás y les hace cuestionar su valía. A veces, esas ofensas que su sombra percibe ni siquiera son reales, y las personas ni son conscientes de haberlo ofendido.

Puede sabotear sus finanzas: cuando lucha por equilibrar sus finanzas y asegurar su futuro, a menudo es porque la sombra está tratando de sabotear su vida. Cuando nos recuerdan constantemente nuestras deficiencias, solemos tener miedo de que nadie nos quiera y de que no valoren nuestros talentos y habilidades como nos gustaría. Nos desesperamos con nuestras perspectivas de empleo o gastamos dinero en compras innecesarias, lo que solo agrava nuestros problemas.

Su lado oscuro puede causarle problemas de salud: ignorar su sombra puede causar estragos en su salud física, mental y espiritual. Puede manifestarse como un problema de salud crónico y agravarse al llevarlo a tomar decisiones que solo empeorarán sus problemas de salud.

Podría incluso suponer que está haciendo lo necesario para controlar su enfermedad, pero no se dará cuenta de que las opciones solo mantendrán la dolencia durante mucho tiempo.

La sombra le hará creer que no merece las cosas que tiene: cuando las cosas vayan bien, su lado oscuro encontrará formas de convencerlo de que no merece las cosas buenas que está viviendo. Podría ser desastroso si decide escuchar esa voz. Usted podría rechazar ofertas que en realidad son buenas para usted. Es su sombra aferrándose a cualquier excusa para mantenerlo alejado de lo que quiere.

Por ejemplo, mañana podría tener una reunión que le cambie la vida y estar muy entusiasmado, y por alguna razón, decide tomar un pote de helado sabiendo que es intolerante a la lactosa. Pero piensa: "¡Oh, es solo esta vez, estoy celebrando! Me merezco esto". Al otro día, el dolor de estómago no lo dejará levantarse de la cama. Esta es solo una de las formas en que la sombra puede sabotearlo.

Trabajo de sombras, sabotaje y sociedad

En la sección anterior, puede ver que una persona con una sombra no integrada puede tener dificultades en encontrar su lugar en la sociedad, ya que la sombra continúa frustrando sus esfuerzos. Ya sea que esté a punto de consolidar su lugar en el mundo con un nuevo trabajo, un nuevo proyecto o conjunto de relaciones que serían increíbles para usted, es posible que le resulte realmente difícil hacer todo esto si no ha reconocido su sombra y trabajado con ella.

Es incluso posible parecer "integrado" a nivel superficial y aun así luchar por falta de autoestima. Podría "pertenecer" y, sin embargo, sentir que realmente no pertenece. Eso es normal. Es su sombra la que lo convence de su falta de valor. Si crees que no necesita hacer su trabajo de sombras porque la sociedad lo acepta, está muy equivocado. El hecho de que la sociedad lo acepte significa que se ha ajustado a sus estándares y que ha suprimido ciertos aspectos de sí mismo con los que la sociedad no estaría de acuerdo. Sin embargo, no puede ocultar esas partes para siempre. Estarán allí, en la sombra.

Hacer su trabajo de sombras lo ayudará a encontrar su lugar en la sociedad sin sentirse agobiado. Pertenecer es importante, pero no debe perderse a sí mismo en el proceso, porque si lo hace, su sombra hablará más alto y no será agradable. El trabajo de sombras es vital para sentirse una persona auténtica, fiel a los valores que aprecia como individuo, y comprender también su valor en la sociedad.

Una guía para llevar su sombra a la superficie

Sepa que la sombra siempre está con usted: su sombra siempre está con usted y constantemente lo respalda. No puede verla porque la luz es tan intensa que lo encandila. Puede parecer que la luz y la oscuridad son cosas opuestas, pero no es así. Coexisten en perfecta armonía y equilibrio. Recuerde siempre eso y será suficiente para ayudarlo en el proceso.

Escriba un diario con detalles y reflexione sobre sus sentimientos al final del día: cuanto más reflexione sobre lo que siente cuando se despierta y vea cómo esos sentimientos cambian a lo largo del día, más comenzará a comprender de dónde proviene la vibración de la sombra. Cuando es consciente de que su sombra siempre está ahí, tomando decisiones por usted, es más fácil reconocerla y sacarla a la luz. No saldrá por sí sola.

Escuche la voz y abrace su propósito: cuando se sienta indigno no rechace la voz de la sombra, escuche su intención y recíbala. Pídale que le muestre cosas de las que es digno. La respuesta lo sorprenderá.

Pida que su luz rodee y sane a la sombra: a medida que aprende a trabajar con su sombra y llevarla a la luz, debe llamar a su ser superior y a otros maestros espirituales para ayudar a sanarla. Si no cree en nada, puede meditar. Su sombra necesitará amor y compasión, eso despertará su vibración de luz. Todas las sombras son dignas de cura, al igual que todas las emociones son dignas de amor y compasión. No importa lo que su sombra haga o diga, retribuya siempre con amor para elevar su vibración y alinearla con usted.

Capítulo 7: Ejercicios para el trabajo de sombras

El trabajo de sombras es la exploración de su lado oscuro, una parte de sí que no es fácil de detectar. Puede hacer el trabajo de sombras por su cuenta o con un terapeuta. Algunas personas también recurren a los psicodélicos, pero esa temática no entra dentro de este libro. Teniendo en cuenta todo lo que ya sabe sobre la sombra, debe estar muy contento de saber que puede ser cada día más consciente de ella. Ahora sabe que puede evitar que lo sabotee y que puede ayudarte a profundizar en las cosas buenas que se escondes dentro de ella, como talentos que tal vez desconozca.

Trabajar con las sombras es tener consciencia sobre los diferentes aspectos de nosotros mismos y las partes desterradas con las que estamos tratando de reconciliarnos. Cuando elija explorar su sombra, encontrará muchas respuestas a todas esas preguntas que se ha hecho durante años sobre su comportamiento y sobre por qué, a pesar de todos sus intentos, no ha podido cambiar o sostener el cambio. A medida que trabaje con su sombra, desarrollará una relación más fuerte y profunda con su verdadera esencia y su alma, y se convertirá en una versión más completa, grandiosa e ideal de sí mismo.

Lo que debe saber sobre el trabajo de sombras

Necesita saber que el trabajo de sombras no es un proceso rápido y sencillo. Tendrá que dedicarle tiempo y esfuerzo para identificar sus emociones, ya que puede tener el hábito de ignorarlas. Debe prestar atención a la forma en que reacciona a las cosas. Esto puede ser algo difícil. Cuanto más haga el trabajo, más rápido lo dominará.

Si usted es nuevo en esta práctica, le recomendamos tener un diario o un libro de registro para anotar los momentos y situaciones en las que reacciona con emociones intensas o tomar nota de los diferentes gatillos. ¿Recuerda alguna vez en que su respiración se haya vuelto superficial, su cabeza se sintiera caliente y pesada, o sintiera como un puñetazo en el estómago? Esas son las emociones a las que debe prestar atención. Piense si alguna vez sufrió de picazón o sudoración repentina. Anote todo, incluso lo que está pasando en ese momento. Necesita prestar atención a esas emociones fuertes porque básicamente son su sombra revelándose. Cuando empiece a reconocer esas emociones, comenzará a reconocer también los patrones por detrás.

Durante el proceso, notará todas las capas que lo componen. Haga una pausa y considere los momentos en que alguna emoción haya nacido dentro de usted y prácticamente lo haya tomado por completo, al punto de preguntarse por qué está reaccionando así. Es un aspecto suyo que ha estado atrapado y ya no quiere ser silenciado. Es mejor tomarse un momento y pensar en lo que esto significa. Enfréntese a sus demonios.

Observe que, en un primer momento, solemos hacer juicios rápidos y sacar conclusiones apresuradas. Sin embargo, cuanto más se juzga a sí mismo, más crecerá su sombra y menos completo se sentirá. Siéntese con sus emociones. Antes de comenzar con el trabajo de sombras, pregúntese:

1. ¿Quién es usted?
2. ¿Qué quiere?
3. ¿Qué necesita soltar para hacer realidad sus sueños?
4. ¿En quién debe convertirse para ser digno de esas cosas?
5. ¿Cómo le gustaría presentarse frente al mundo?

Estamos a punto de comenzar con los diversos ejercicios del trabajo de sombras. Tenga en cuenta que puede hacerlos a primera hora del día o a la noche antes de dormir. Si no puede hacerlo en esos momentos, puede hacerlo cuando tenga tiempo, pero lo importante es hacerlo todos los días. Necesitará unos quince minutos para cada ejercicio.

Diálogo de voces

Es posible que necesite: un diario y una grabadora de voz.

El diario lo ayudará con este método
https://www.pexels.com/photo/ball-point-pen-on-opened-notebook-606541/

Con este ejercicio, reconoce que su psique está dividida en dos aspectos básicos: los yo primarios y los yo rechazados. La última categoría se corresponde con la sombra y todas las cosas que ha considerado repulsivas e indeseables. Los aspectos primarios son esas partes que ha desarrollado para mantenerse seguro en la forma en que se presenta a los demás. La creación y amplificación de este aspecto lo llevará hasta sus partes negadas.

Supongamos que su yo principal es alguien que no alardea. Eso significa que su yo rechazado sabe presumir y lo disfruta. Así funcionaría el ejercicio del diálogo de voces:

1. Hará una entrevista a su yo primario, la parte de usted que no alardea. Para hacer esto, tiene que encarnar por completo a la persona que no alardea y describir cómo siente ese alardeo. Haga preguntas como, ¿cómo se siente alardear? ¿Qué piensa de la gente que anda alardeando? No reprima ninguna respuesta. ¿Cuánto hace que considera indeseable ese tipo de actitud? ¿Cuándo fue la primera vez que sintió ese rechazo? ¿Cuáles cree que son las consecuencias de alardear? Puede hacer todas las

preguntas que le vengan en mente.
2. Al hacer estas preguntas, asegúrese de estar validando a su yo primario. Lo entiende y lo apoya porque es una parte válida que usted creó debido a que las personas no lo aprueban cuando habla de sus logros. Podría asignar entre diez y treinta minutos para esta parte. Después de estas preguntas, su parte suprimida podrá salir y jugar con más libertad. Luego, puede sentirse como un fanfarrón, y eso lo llevará a la conclusión de que, si bien puede haber suprimido esa parte suya, todavía está viva.
3. Entreviste a ese yo reprimido de la misma manera que entrevistó al yo primario. Asegúrese de validar ese aspecto y permitir que sea tal cual es. Reconozca que es parte de usted, y va a ser mucho más fácil estar en paz con el acto de presumir. Puede anotar sus respuestas en un diario o simplemente grabarlas en su teléfono para revisarlas más tarde.

Defendiendo su yo "bueno"

Necesitará: un diario para anotar sus observaciones.

Probablemente usted se considere una buena persona. La mayoría de nosotros somos iguales. Pero, a pesar de toda la bondad que demostramos, hay una "maldad" antagónica dentro de nosotros que la equilibra, a pesar de haber aprendido a reprimirla.

Por ejemplo, una persona puede considerarse muy meticulosa y organizada. Es algo bueno y nada de lo que avergonzarse, pero tampoco lo opuesto es algo malo.

1. Si usted se considera organizado, haga una pausa y pregúntese si realmente es así todo el tiempo.
2. Reconozca que hay momentos en los que no es tan bueno para organizarse, y estará todo bien. Cuanto más insista en que es organizado y eficiente, más reprime y rechaza la parte de usted que no lo es. Eso solo alimentará su sombra, dándole más poder para rebelarse y desafiarlo de la manera más inesperada e inconveniente posible. Tiene que estar dispuesto a abrazar esta parte de usted.
3. Haga una lista de todas las cosas que considere verdaderas, y revise esa lista para reconocer que existe indefectiblemente una contraparte dentro de usted.

4. Haga las paces con los otros aspectos y acéptelos sin juzgarlos.

Meditación para el trabajo de sombras

La meditación es una gran manera de aprender acerca de sus emociones y sus causas fundamentales. También es una herramienta para aceptarse. Solo necesita un lugar tranquilo donde no lo molesten durante diez o quince minutos.

1. Siéntese en una posición cómoda que pueda mantener con el pasar de los minutos, y preste atención a su respiración.
2. Si nota que su atención se ha disipado, simplemente vuelva a prestar atención a su respiración sin juzgarse.
3. Por cada vez que se distraiga, acéptelo y vuelva a poner su atención en la respiración.

Todas las personas que meditan se distraen, así que no se enoje cuando le suceda. Debe estar agradecido porque cuanto más se dé cuenta de que está distraído, mejor será esta práctica, ya que estará creando conciencia. Esta conciencia le servirá para ver a su sombra a punto de sabotearlo.

Creará un espacio mental entre sus palabras, acciones y los impulsos que las motivan para evaluar sus decisiones antes de tomarlas. Además, aprender a no hacer nada y permanecer en el aquí y ahora le enseñará cómo integrar los aspectos de sí mismo que no acepta en este momento.

Aprenderá a no juzgar y aceptar los pensamientos que fluyen en su mente mientras medita. Notará esos pensamientos, pero volverá a la respiración. No juzgue esos pensamientos, no los critique ni los analice. Simplemente déjelos fluir. Podrá reconocer su lado oscuro y, de una vez por todas, aceptarlo como es, sin juzgar. Cuando acepte su sombra, ya no colocará obstáculos en su camino hacia el éxito.

3-2-1

Es posible que necesite: un diario y una grabadora de voz.

Este es un método creado por Ken Wilber, y puede usarlo como una meditación o con un diario. Se llama "método 3-2-1" porque presenta tres pasos a seguir.

1. Enfrente el problema.
2. Hable sobre el tema.

3. Encárnelo.

¿Cómo funciona? Piense en algo que no va bien en su vida, como una relación conflictiva, y use eso para conseguir una visión que lo ayude a ser más racional en sus pensamientos y no dejarse abrumar por sus reacciones emocionales.

1. **Enfrente el problema:** el primer paso es averiguar en quién o en qué se va a centrar en este ejercicio. Por lo general, es bueno hacer este ejercicio pensando en alguien con quien se tiene una relación conflictiva, pero no es obligatorio que sea el caso. No es fácil compartir espacio con alguien que no soportas, sea por enojo, rencor o lujuria. O por sentirse inferior. Sin embargo, eso hará que este ejercicio valga la pena. Elija a alguien que le despierte emociones fuertes.

    Imagine la situación o la persona. Haga su mejor esfuerzo para recrearlo lo más fiel posible. Si se trata de una situación, haga todo lo posible para reproducirlo en su mente. Cuando representa con precisión a la persona o situación, debe centrarse en las emociones que le despiertan. Puede usar su diario o hablar en voz alta. Diríjase a ellos en tercera persona y cuéntele las cosas que ama u odia de ellos y por qué lo atrae o repele. No piense demasiado en lo que quiere decir o escribir en el diario. Simplemente sienta y ponga en palabras. No se censure. No se reprima. Deje que todo fluya. Nadie lo juzgará aquí. Use pronombres de tercera persona cuando haga esta parte del ejercicio.

2. **Hable sobre el tema:** es momento de encarar la situación o persona como si estuvieran en este momento frente a usted. Use el pronombre "tú". Puede escribir un diario o hablar. Para esta parte del ejercicio, puede hacer las siguientes preguntas, entre otras:

    - ¿Sabes que me haces sentir de esta manera?
    - ¿Por qué me tratas así?
    - ¿Qué es lo que quieres de mí?
    - ¿Qué es lo que quieres que aprenda?

    Con cada pregunta, haga una pausa y escuche. Va a obtener una respuesta. Puede decir la respuesta en voz alta si lo desea o simplemente anotar en su diario. Si se siente que debe hacer más preguntas, hágalas. Además, preste atención si la proyección que ha creado tiene algo más que decir más allá de las respuestas ya dadas.

3. **Encárnelo:** esto no es nada cómodo, pero es un paso esencial. Los rasgos y problemas que ha estado evitando son quien usted es, y es hora de ponerse en sus zapatos. Necesita convertirse en quien ha estado enfrentando. Va a revisar las oraciones que hizo en el primer paso para describir a la persona o situación problemática sobre la que se ha proyectado su sombra. Esta vez, va a reemplazar los pronombres de tercera persona con los pronombres "yo" y "mi". Es posible que deba decir cosas "Soy molesto", "Estoy orgulloso" o "Tengo miedo". Es así como conecta sus aspectos conscientes e inconscientes para finalmente sentir equilibrio y paz dentro de usted. Tiene que reconocer que todo esto está dentro suyo.

Para ser claros, esto no significa que deba sentirse avergonzado. Puede aceptar que está molesto o enojado sin sentirse culpable o tener que bajar la cabeza. Se trata de aceptar esas verdades sobre usted siendo compasivo. Debe extender el mismo sentimiento de compasión a la situación o persona a la que se dirigió durante el ejercicio.

Afirmaciones para el trabajo de sombras con espejo

Necesitará: un diario y un espejo.

También puede trabajar con las afirmaciones y el espejo. A diferencia de las afirmaciones regulares, las afirmaciones para el trabajo de sombras no siempre serán felices ni agradables. Algunas están destinadas a bajarlo a tierra. Puede usar algunas de las afirmaciones siguientes para lidiar con su sombra de manera saludable. Asegúrese de mirarse a los ojos con amor y compasión usando un espejo, y sienta cada palabra y lo que significan para usted. Tenga en cuenta que, en una primera instancia, usted puede llegar a resistirse. Eventualmente, la verdad lo golpeará, y será un poco más sabio. Estas son posibles afirmaciones:

1. Nunca tendré la paternidad que me hubiera gustado de niño, y estoy en paz con eso.
2. Puedo aceptar que, si bien soy especial, no soy más especial que los demás.

3. No puedo reclamar sobre lo que sucedió en mi infancia, pero ahora he crecido y puedo hacerme cargo.
4. Lo que me hicieron me causó dolor, pero hicieron lo mejor que podían en ese momento.
5. He decidido perdonar porque me he dado cuenta de que ese es el camino hacia la paz.
6. Ahora acepto que todos somos capaces de construir y destruir, amar y odiar. Y es por eso que todos merecemos ser perdonados y recibir misericordia.
7. Puedo sentirme amargado, pero ahora acepto que no vale la pena y no me sirve.
8. He cometido errores, pero no estoy hecho solo de errores. Lo que importa es que elijo hacer las cosas de mejor manera.
9. Estoy en paz con el hecho de que he cometido y cometeré errores. También acepto que siempre puedo hacerlo mejor.
10. Hay quienes buscan el amor a través de formas egoístas e hirientes, y son quienes más necesitan amor.
11. Necesito ser aprobado y respetado por una sola persona: yo mismo.
12. Si estoy en una situación o relación tóxica, esa es mi elección. Soy libre de alejarme cuando lo sienta.
13. Cualquier relación o situación que me haga sentir agotado no vale mi energía y tiempo.
14. Las opiniones de los demás sobre mí no son de mi incumbencia.
15. Si bien se siente bien tener la aprobación de otras personas, su aprobación no significa nada realmente.
16. Estoy cómodo con todas mis imperfecciones
17. Tener un pasado terrible no justifica que yo tenga una actitud terrible. Debería impulsarme a ser mejor.
18. Siempre veo formas de mejorar, y estoy feliz de aprender todos los días.
19. No buscaré la validación bajo el pretexto de recibir una "devolución" u otros comentarios.
20. Yo soy el único responsable de mi felicidad.

Puede elegir una afirmación para trabajar cada día durante quince minutos, o puede trabajar con todas las afirmaciones juntas. Es su decisión.

Capítulo 8: Los altibajos del trabajo de sombras

Tal vez sea consciente de que tiene que trabajar ciertas cosas, pero se siente totalmente abrumado. Es mucho más fácil ignorarlo y esperar que desaparezca, pero deberá pagar el precio de no lidiar con sus sombras.

Cuando sienta que resuelve un problema, aparecerán otros tres. Cuando aprenda a ser más abierto y honesto acerca de sus debilidades, tendrá más oportunidades para amarse y aceptarse como un ser humano imperfecto. Entenderá su valor. Habrá muchos altibajos durante el trabajo de sombras, pero valdrá la pena.

Beneficios del trabajo de sombras

Deberá lidiar con su lado oscuro: mientras ignore sus sombras, continuará reforzándolas. Eso lo convierte en víctima de las circunstancias, y no significa que haya perdido el control siempre y cuando sea consciente. Aprender sobre sus sombras lo ayudará a liberar espacio en su mente y mantener todo más coherente. Pasará de ser una víctima a un participante activo que hace que las cosas sucedan de la manera que tiene que ser.

Ya no estará viviendo en la oscuridad: verá con claridad su posición con respecto a su vida. Usted será capaz de discernir sus valores y saber lo que es importante sin que su lado oscuro intente confundirlo. Esto le ayudará a tomar mejores decisiones sobre sus posturas, pero debe abrirse y quedar completamente vulnerable a lo que viene. El proceso de iluminar su sombra no es fácil ni agradable, pero si valora su salud mental, crecimiento espiritual y bienestar emocional, entonces hará el proceso.

Aprenderá a atraer amor y compasión a su vida: si ha estado recriminándose durante mucho tiempo, el trabajo de sombras le enseñará a amarse. Dejará de ser duro consigo mismo y comenzará a entender que lo que se recriminaba en realidad no era tan malo como parecía. Se dará cuenta de que no tiene más remedio que ver su lado oscuro como digno de amor y aceptación. Esto hará que atraigas el amor de quienes lo rodean.

Tendrá una mejor relación consigo mismo: cuando entienda los motivos de sentirse poco digno de ser amado, desarrollará la capacidad de abrazarlos para progresar. A medida que comience a ver su sombra como algo bueno, comenzará a hacer cambios realmente positivos. Ahí es cuando aprenderá a amarse y amar a los demás.

Podrá resolver los sentimientos de ira y hostilidad: cuando descubra por qué siente tanta ira, podrá sanar la fuente, proporcionar una forma de perdón y reparar los errores del pasado. No significa que sea fácil, pero si trabaja con una mente abierta, encontrará la cura.

Le será más fácil tomar decisiones: a medida que aprenda a ver una imagen más amplia de su vida, podrá tomar mejores decisiones. No correrá con fe ciega porque tendrá una idea mucho más clara de lo que es mejor para usted y su vida. Será más fácil confiar en sí mismo y seguir adelante con su vida.

Evitará los conflictos: cuando aprenda a trabajar con su sombra y comience a convertirse en una persona más espiritual, se encontrará rodeado de personas con el mismo propósito. A medida que aprenda a amarse después de tanto dolor, otros lo reconocerán y sentirán curiosidad por su cambio. Además, ya no será un imán para los problemas y el drama.

Desafíos del trabajo de sombras

Deberá estar dispuesto a enfrentar su oscuridad interior e iluminarla: no será fácil ni agradable, pero si cree firmemente en algo superior y en la voluntad de explorar su verdadero potencial, eventualmente obtendrá lo que necesita de este proceso. Su fe deberá ser lo suficientemente fuerte para llegar a la cima con el menor dolor posible.

Consejo: Ábrase y permítase ser vulnerable a todo lo que llegue. No significa que deba compartir su intimidad con todos, pero es posible que necesite a alguien que le ofrezca un espacio seguro para la reflexión. Si no tiene un consejero u otro profesional que lo apoye, busque a alguien que pueda brindarle el tipo de apoyo que necesita para superar este proceso desafiante.

Deberá estar dispuesto a cambiar sus formas: es necesario tener límites saludables. Si consigue soltar los patrones negativos que lo han estado persiguiendo durante años, será más fácil romperlos. Debe estar dispuesto a salir de su zona de confort. Una vez que vaya más allá de su pequeño mundo controlado, podrá abrazar la vida con todos sus altibajos y el proceso de abrazar su sombra será mucho más simple. Tendrá áreas de confort donde no cabe la realidad. Muchas personas luchan por cambiar la forma en que siempre se han comportado y los hábitos que han adquirido.

Consejo: Tenga en cuenta y acepte que esta es la parte más difícil de una buscar una nueva vida. Esté dispuesto a abrazar nuevas ideas, perspectivas o formas de vida.

Necesitará buscar dentro de sí mismo: la única manera de ver todo lo que está sucediendo con su sombra es desde adentro. Sus comportamientos y acciones generalmente tienen algo para enseñarle. Podría ser un comportamiento que desea cambiar o una forma de pensar que desea comprender mejor. Todos tenemos un lado oscuro. Dependiendo de cómo nos sintamos con nosotros mismos, puede llevarnos a un lado o a otro. Está bien tener miedo y buscar ayuda si la necesita. No tiene por qué hacer todo solo.

Consejo: Si las cosas son difíciles de aceptar, es hora de encararlas de frente y lidiar con ellas. No hay escapatoria.

Deberá estar dispuesto a enfrentar la verdad sobre sí mismo: las personas tienden a huir de la verdad porque las incomoda. Si está dispuesto a verse a través de sus propios ojos y aprender de aquello, verá las cosas con mayor claridad y podrá manejarlas de otra manera. Para que este proceso funcione, debe estar dispuesto a hacer todo lo necesario. Nadie mejor que usted conocerá su propia verdad. Debe estar dispuesto a enfrentar sus sentimientos sin ser tan duro consigo mismo, y eso puede tomar un poco de tiempo y paciencia. Algunas cosas no se pueden ocultar por mucho tiempo. Una vez que han sido liberadas, ya sabe lo que tiene que hacer al respecto.

Consejo: No hace falta amar esta parte de sí mismo, pero sí debe aceptarla como es y trabajar con ella durante el transcurso de su vida.

Deberá ser paciente consigo mismo: al principio, será lo más difícil, y se cuestionará varias veces. Sin embargo, a medida que pase el tiempo y encare los desafíos, las cosas serán más fáciles. Es un paso a la vez. Siga caminando, las cosas se irán aclarando en el camino.

Consejo: avance con pasos lentos pero seguros y haga lo que le hace sentir bien. Cualquier hábito nuevo demanda tiempo para romper los patrones pasados. Esto dará lugar a nuevas oportunidades para el crecimiento y el cambio. Es un proceso a largo plazo, así que dese tiempo para evolucionar, crecer y convertirse en lo que quiere ser.

En algún momento tendrá que perdonarse: muchas personas, en su intento de cambio, son muy duros consigo mismos y no se dan cuenta de que el perdón es lo que les permite avanzar y convertirse en seres nuevos. Cuando se perdona, suelta también otras cosas. Deje de odiarse y véase desde otra perspectiva. Por más difícil que sea, deje ir lo que lo ha lastimado y permítase vivir feliz y libre de los errores del pasado.

Consejo: el perdón no siempre es fácil, pero cuando nace desde adentro, le dará un profundo sentido de paz. Es importante aprender a perdonarse por cualquier error que lo haya perjudicado en el pasado.

Deberá confiar en el proceso: independientemente del tipo de proceso y del tiempo que tarde en llegar a su meta, es importante confiar. Sentir la máxima creencia y fe de que todo se resolverá. Quizás al principio no entienda el papel de algunas personas en su vida, pero con el tiempo verá todo con mayor claridad. No es una tarea fácil. La mayoría de las personas no tienen la paciencia suficiente y se dan por vencidos antes de tiempo. Tómese su tiempo. Confíe en que la vida le dará todo lo necesario en el momento adecuado.

Consejo: Si no confía en sí mismo, será difícil emprender este desafío sobre su lado oscuro. Tiene que confiar en sí mismo y en sus instintos para lograr cambios en su vida. Si escucha a los demás, solo retrasará su progreso, ya que ellos no saben lo que es mejor usted. Su ser superior sabe lo que es mejor para usted, así que deje que ella le indique el camino. Deje ir el miedo y reciba lo que la vida le presenta con los brazos abiertos y la voluntad de aprender sin importar cuán doloroso o aterrador pueda ser.

Como dice David Schoen en War of the Gods in Addiction: "Cuanto más aislados estamos y más inconscientes somos de nuestras sombras, más vulnerables somos a que esas sombras se rebelen y se alimenten de comportamientos adictivos". Así que, independientemente de las dificultades, recuerde que al final vale la pena.

Cómo manejar los altibajos del trabajo de sombras

1. **Encare sus miedos:** el mayor obstáculo que todos enfrentamos en este proceso con nuestra sombra es el miedo a lo que podría suceder si nos permitimos ver de dónde viene realmente. Nos mantenemos en la negación y pretendemos que no hay motivo para tener miedo porque todo lo que nos sucedió en el pasado es "terrible". La realidad es que lo que somos se ha constituido a partir de nuestras experiencias y es inevitable.

2. **Confíe en sus instintos:** una cosa que no es fácil de hacer cuando está tratando de iluminar su sombra es confiar en sus instintos y olvidar todo lo que le han enseñado sobre ser una buena persona. Nuestros padres y la sociedad en general nos han dicho que hay cosas que no podemos hacer y que podemos perjudicar a otros si no seguimos las reglas. Se nos enseña a poner un pie delante del otro mientras caminamos por la vida porque, con frecuencia, la vida no se acomoda a nuestras expectativas debido a nuestras "debilidades". Mientras ignoramos nuestras dudas, negamos el valor de lo que está dentro nuestro. No tenemos idea de lo importante que es explorarnos y aceptar nuestros dones, a pesar de que a veces no entendamos para qué son o por qué se revelaron en ese momento.

3. **Deje de intentar ser otro:** si quiere explorar su sombra y abrazar el cambio y el crecimiento, deje de querer ser alguien más. Sea usted mismo. Una vez que acepte a esa persona, comenzará a ver el mundo de otra manera. No puede controlar lo que sucede. Muchas cosas en la vida no están destinadas a suceder de acuerdo con el plan. Cuando permita que las cosas sucedan, se abrirán nuevas puertas que han estado cerradas durante años.

Capítulo 9: Iluminar su sombra

Integrar luz y sombra
Wittylama, CC BY-SA 4.0< https://creativecommons.org/licenses/by-sa/4.0 >, via Wikimedia Commons: https://commons.wikimedia.org/wiki/File:Shadows_on.jpg

Si la sombra es todo lo que hemos reprimido, entonces es lógico pensar que la luz es esa parte de nosotros que hemos aceptado. Si la sombra nos sabotea, entonces la luz es nuestra fuerza. Si la sombra se ha apoderado de nuestras vidas, la luz brilla para hacernos libres. Cuando comenzamos el proceso de aceptar nuestra sombra, el siguiente paso es sacarla a la luz, para comenzar a vivir en otro nivel. Si está dispuesto, puede recuperar su vida y experimentar todas las posibilidades.

No se equivoque al momento de observar a su sombra surgiendo en todos los aspectos de su vida. Estará horrorizado por lo que está sucediendo, pero, al mismo tiempo, se sentirá encantado de estar vivo. Se darás cuenta de que, si bien es posible que no tenga todas las respuestas, hay un poder dentro suyo que nunca había sido aprovechado.

A medida que esta fuerza emerge y cambia su vida, sentirá que una parte de usted ha despertado de un largo y profundo sueño. Comenzará a verse a sí mismo de otra manera, de una manera que nunca experimentó antes. Como si hubiera mucho más que aprender sobre ser feliz y vivir la vida al máximo. Si este es su camino, tómese su tiempo y haga las cosas bien. De lo contrario, no durará. Tiene que ser paciente, pero también lo suficientemente decidido como para atravesar los tiempos difíciles.

Drenaje vs. energía

Este es un ejercicio corto y agradable donde podrá descubrir lo que sus experiencias diarias le están haciendo a su psique. Debe hacer lo siguiente:

1. Tome un bolígrafo y un pedazo de papel.
2. Cree dos columnas.
3. A la primera columna escríbale "Drenaje" y a la segunda, "Energía".
4. Considere las interacciones de su vida diaria.
5. Cualquier interacción que lo drene irá a la primera columna.
6. Ponga las cosas que le dan energía en la segunda columna.
7. Piense cómo puede comenzar a reducir los ítems de la primera columna.
8. También puede completar las columnas con situaciones. No tienen por qué ser solo interacciones.

Hable en voz alta

Otra forma de traer su sombra a la luz es conversar con alguien de confianza. Deberían poder ayudarlo a no sentirse avergonzado y que le sea más fácil aceptarse.

1. Con lo que ha aprendido hasta aquí, identifique sus aspectos de sombra.

2. Hable sobre estos aspectos con un amigo de confianza o un terapeuta profesional.
3. Hable al respecto. Por ejemplo, podría reconocer que desea sentirse capaz, pero le han enseñado a confiar solo en los demás, incluso para las cosas más insignificantes.
4. Profundice en el impacto que esta creencia ha tenido en su vida.
5. Hable sobre las diferentes formas en que podría trabajar e integrar esos aspectos.

Tubo de luz arcoíris

Esta es una técnica poderosa para revelar su lado oscuro en sueños. Todo lo que ha suprimido probablemente aparezca así que asegúrese de estar listo para recibirlo. Cuando tenga esos sueños, haga una pausa para pensar que nada es tan terrible. Haga lo siguiente:

1. Siéntese en una silla cómoda o acuéstese en una colchoneta o en su cama.
2. Cierre los ojos y respire con intención, permitiendo que cada inhalación fluya hacia cada exhalación.
3. En el centro de su mente, imagine un arco iris. Que sea el más brillante que haya visto.
4. Visualice al arco iris encerrando su cuerpo en una especie de tubo. Observe cómo los colores brillan aún más que antes.
5. Sienta cómo los colores del arco iris lo atraviesan. Juegue con ellos como un niño.
6. Permanezca en este tubo durante cinco a diez minutos, o el mayor tiempo posible, luego vaya a la cama o termine la sesión.

Escriba una carta

Cada emoción es energía, buena o mala. Nadie en la Tierra puede evitar las *malas emociones* como preocupación, frustración, ira, ansiedad, miedo, etc. El problema es que, cuando la mayoría de las personas experimentan estas emociones, prefieren ocultarlas en vez de enfrentarlas. Porque nos han enseñado desde que éramos pequeños que ciertas emociones no deben expresarse, incluso si están justificadas. A estas alturas, usted ya es consciente de que esa energía no desaparece, *va directamente a su sombra*. El ejercicio de escribir una carta de amor a su sombra es una excelente manera de ponerse en contacto con ella y ofrecerle luz y cura. Haga lo siguiente:

1. **Elija un aspecto de sombra con el que lidiar:** tiene que decidir qué aspecto quiere iluminar. Podría ser su miedo a ser visto o su miedo a pasar necesidades. Tal vez pueda abordar su falta de confianza en sí mismo. O ese autosabotaje que le ha impedido alcanzar sus metas. Independientemente de lo que quiera abordar, asegúrese de ser específico. Por ejemplo, no puede simplemente abordar la emoción del miedo. Redúzcalo. Aborde su miedo a algo específico.

2. **Tome su papel:** en la parte superior, como si escribiera una carta informal, escriba: "Estimado [nombre del aspecto de sombra]". Asegúrese de sentir la emoción detrás de la palabra "estimado", ya que está intentando acercarse a su sombra desde el amor. Tenga cuidado en no ser sarcástico.

3. **Agradezca al aspecto de sombra:** la siguiente línea debe comenzar con "Gracias". Continue y agradezca a este aspecto de sombra por todo lo que usted entiende. Él ha sido creado para mantenerle a salvo o guiarlo. Por ejemplo, si está lidiando con el miedo a la muerte, puede agradecerle por mantenerlo protegido. No hay nada que temer cuando hablamos de miedos. El miedo puede ser una emoción muy positiva, pero la mayoría de la gente no lo ve de esta manera. Cuando se trata de trabajar con su sombra, tenga en cuenta que ninguna energía o emoción es completamente mala o buena. El problema con el miedo no es el miedo en sí mismo, sino el hecho de que continuamos ignorándolo y reprimiéndolo, y actuamos como si sentir miedo fuera algo vergonzoso. Si se detiene a pensarlo, verá que el miedo muchas veces lo ha beneficiado.

4. **Anote las veces que este aspecto lo ha beneficiado:** ahora que se da cuenta de que nada es del todo bueno o malo, puede pensar en las veces que su aspecto de sombra lo ha ayudado y escribirlas en papel. Asegúrese de encontrar al menos dos beneficios.

5. **Preste atención a los cambios que ocurren dentro de usted mientras escribe:** puede sentir un cambio en su proceso de pensamiento, niveles de energía o diferentes emociones. Preste atención a su pecho y a sus hombros en particular. Puede notar una reducción de la tensión y una respiración más fácil, o hasta

una sensación de calor. Anote todas las sensaciones que siente al final de la carta, o si lo prefiere, en una página diferente. Es importante recordar que la carta es de amor porque su sombra no es su enemiga, es simplemente una amiga subestimada que está comenzando a darse cuenta de que lo ha ayudado en la manera en que pudo.

Desafíos de iluminar su sombra

Ser consistente no es fácil, pero debe seguir firme con el proceso: así como la sombra emerge por etapas, también lo hará su luz. Independientemente de lo que haya experimentado en el pasado, es poco probable que lo vuelva a experimentar. Al principio, esto se siente como una decepción, pero debemos mantener un cierto nivel de compromiso y confianza en que todo se desarrollará en su momento. Recuerde, este proceso que se da de la noche a la mañana. Algo que ayuda mucho es recordar lo afortunado que uno es de saber lo que sabe ahora sobre sí mismo en comparación a otra época. ¿Cómo he progresado tanto con mi sombra? Siendo constante.

Consejo: No piense en este proceso como un evento puntual, sino como un estilo de vida. Considérese un eterno explorador de su conciencia, y el proceso no se sentirá tan abrumador.

Sentirá dolor: aprenda a abrazar el dolor del proceso. No es una elección que se debe hacer a la ligera, pero es una elección que *debe* tomar. Si quiere iluminar su sombra, tendrá que renunciar a muchas cosas que le son familiares. Debe dejar de buscar respuestas afuera en el mundo y mirar para adentro. Sus miedos y dudas pueden parecer abrumadores al principio, pero pueden convertirse en grandes dones. No puede experimentar un cambio significativo sin un poco de dolor, e iluminar su sombra es igual.

Consejo: Si bien es posible que desee huir del dolor y la confusión, usted saldrá del proceso siendo una mejor persona por haber atravesado esas emociones. No se sienta tentado a permanecer en el mismo lugar, a menos que esté dispuesto a seguir limitando su vida. Cuando se ponga difícil, recuerde que si decide ser constante, valdrá la pena.

Se sentirá vulnerable: todos experimentan vulnerabilidad a medida que comienzan a rendirse al proceso de autoaceptación. No puede mantener sus murallas abiertas y cerradas a la vez. Tendrá que dejarlas caer de a poco, incluso cuando sea difícil. Cuantas más murallas esté dispuesto a derribar, más fácil le será iluminar su sombra.

Consejo: Recuerde lo vulnerables que somos todos como seres humanos, y que esa vulnerabilidad nos hace hermosos y nos acerca a los demás. Tenemos derecho a esos sentimientos porque todos los sentimos en algún momento. Permitir este sentimiento nos da alegría. Se sentirá más vulnerable que nunca, pero es un precio que vale la pena pagar por su libertad y su paz.

Es posible que experimente bloqueos: cuando comencemos a limpiar lo viejo y a traer lo nuevo, puede aparecer cierta resistencia. Quizás ya no desee cambiar, ni siquiera por su bien. Experimentará algunos bloqueos a lo largo del proceso. Todos necesitamos ayuda en ciertas áreas de nuestras vidas. Abrirnos a otras personas que nos apoyen marcará la diferencia. Ninguna persona tiene todas las respuestas, y no hay atajos para este camino.

Consejo: Todos tenemos algo que sanar, así que no escuche a los detractores que le dicen que este proceso no funciona. Dentro de usted hay algo valioso que vale la pena cuidar, incluso si debe hacer algunos cambios en su vida. Su hay un bloqueo es porque hay un gran avance. Tenga paciencia y tómelo con calma. Nadie dijo que fuera un trabajo sencillo.

El plan puede no ser lo suficientemente claro para usted: cuando hablamos del tamaño de la sombra, parece que habláramos de una forma de vida alienígena que necesitamos descubrir y comprender para avanzar con nuestras vidas. La sombra es compleja porque no siempre sabemos por dónde empezar a trabajar. Sobre todo si no sabemos qué tan profunda está enterrada dentro de nosotros.

Consejo: Su comprensión de su personalidad y sus experiencias de vida pueden ser limitadas. Esto no significa que no pueda comprender el concepto, solo que puede llevar algún tiempo. Siga avanzando en su proceso y dé un paso a la vez. El proceso requiere de práctica. Sea paciente y siga dando esos pequeños pasos.

No puede complacer a todos: la sombra no desaparecerá del todo hasta que dejemos de ponernos en posición de víctimas, quejándonos de no ser suficiente para alguien o algo. Todos nacemos con dones diferentes, y cada uno de nosotros tiene una opinión diferente sobre la forma en que vivimos nuestras vidas. Es posible que no le gusten ciertas personas, lugares o cosas, y es posible que tampoco les guste usted, pero de todos modos tendrá que lidiar con ellos. Encuentre satisfacción en el hecho de estar aquí y hacer una diferencia en su vida y en la vida de los demás.

Consejo: Solo hay una manera de vivir nuestras vidas, y es con actitud positiva. No se preocupe por lo que piensan los demás. Lo más importante es que nosotros pensemos en nosotros mismos con amor y aceptación.

Beneficios de iluminar su sombra

Vivirá con más claridad: al reconocer y aceptar nuestras sombras, nuestros pensamientos se verán con mayor claridad. Todos tenemos opción en esta vida. Depende de nosotros elegir si aprenderemos o no de cada momento. Nos beneficiamos enormemente del conocimiento que nos prepara para lo que viene.

Experimentará la cura: nada es imposible cuando decide y ser feliz de nuevo. La cura ocurre cuando hay un cambio. No podemos esperar que alguien más nos cure, pero podemos sentar las bases a través del autoconocimiento.

Atraerá una vida mejor: todas las personas y experiencias que necesita en su vida vendrán a usted cuando esté listo. Su intuición lo guiará hacia los lugares y personas indicadas, así que no permita que las personas o situaciones equivocadas controlen sus pensamientos o emociones.

Se dará cuenta de que muchos de sus bloqueos son emocionales: el yo emocional es difícil de tratar porque el cuerpo humano está lleno de energía. Si podemos dominar algunas de las emociones que nos impiden seguir, estaremos en camino a ser seres sin miedo a ser vulnerables.

Se sentirá más empoderado: cuando decide emprender este viaje, se está permitiendo hacer algo que algunos no pueden hacer: trabajar a través de sus emociones para encontrar su verdadera esencia. Esto lleva tiempo e implicará un conflicto interno, pero vale la pena.

Será capaz de amarse: el amor propio es el mejor regalo que podemos darnos a nosotros mismos, especialmente cuando hemos llegado tan lejos y hemos hecho tanto trabajo. Ámese y sienta orgulloso de quién es y hasta dónde ha llegado. Es una persona increíble y vale la pena cada pedacito de amor que haya mantenido oculto en su corazón hasta ahora. Es hora de verse a usted mismo de otra manera.

Tendrá una visión más positiva de la vida: la tarea más grande que podemos enfrentar es aprender a aceptar que cada momento nos trae nuevas oportunidades. Cuando nos demos permiso de ver eso y salir de nuestras zonas de confort, podremos ver el milagro de la vida.

Cuestionario: ¿He iluminado mi sombra?

1. ¿He sido capaz de aceptarme a mí mismo como realmente soy?
2. ¿Tengo el coraje y la fuerza necesarios para sanar completamente mis problemas emocionales?
3. ¿Continuo con miedo de "seguir progresando"?
4. ¿Estoy dispuesto a ver mi sombra como una oportunidad de obtener claridad?
5. ¿Estoy dispuesto a pasar por el incómodo proceso de aprender a amarme?
6. ¿Puedo aceptar la idea de que la vida es un milagro y que cada día trae algo nuevo?
7. ¿Tengo fe en que cuando haya hecho todo lo posible, el universo se encargará del resto?
8. ¿Estoy dispuesto a seguir caminando hacia el éxito cuando los demás estén perdiendo el equilibrio?
9. ¿Estoy dispuesto a hacer este viaje por mí mismo y hacer cambios de los que otros también puedan ser parte?
10. ¿Estoy dispuesto a luchar por lo que quiero?
11. ¿Tengo una actitud positiva sobre el futuro y el camino por delante?
12. ¿Puedo aceptar que cada día trae algo nuevo y que cada persona, lugar o cosa tiene algo valioso que enseñarme?
13. ¿Tengo suficiente confianza en mis habilidades para creer que nada puede detenerme?
14. ¿He permitido que la gente dijera cosas sobre mí sin temor a represalias de mi parte?
15. ¿Estoy dispuesto a ver la verdad sobre quién soy y la persona en la que me estoy convirtiendo?

Capítulo 10: Trabajo de sombras, una etapa del despertar espiritual

¿Qué es el despertar espiritual?

El despertar espiritual es un proceso en el que un individuo obtiene una visión profunda de la verdadera naturaleza del mundo y del yo. En este proceso, uno gana un sentido de conciencia universal o cósmica, que puede describirse como un sentimiento de saber todo y estar conectado con todas las cosas. El despertar espiritual no es simplemente un cambio en el pensamiento, sino también una intensa experiencia emocional y física que uno puede sentir en varios momentos de su vida. Cada individuo es único, por lo que la experiencia varía de persona a persona.

El trabajo de sombras es esencial para el despertar espiritual

Cuando trabajamos con nuestra sombra, cavamos profundamente dentro de nosotros mismos y observamos las cosas que hemos mantenido ocultas. Puede ser muy difícil lidiar con las emociones que salen a la luz. Es posible que en algún momento del proceso nos sintamos vulnerables o avergonzados. Sin embargo, ese es el propósito del trabajo de sombras, y en última instancia puede llevarnos a un despertar espiritual.

El despertar espiritual es un proceso que requiere tiempo, esfuerzo y compromiso. Debe seguir trabajando en sí mismo para que dure. De lo contrario, los viejos patrones pueden tomar control. El trabajo de sombras es un proceso en el que uno se da cuenta de sus debilidades, rasgos negativos e imperfecciones con el fin de mejorarlos. Le permite a uno tener una mirada más objetiva de sí mismo y su lugar dentro del universo. Este proceso puede ayudar en la realización de su verdadero ser, la obtención de empoderamiento personal, y el desarrollo de la identidad.

El trabajo de sombras es esencial para el despertar espiritual porque ayuda a uno a vigilar las áreas dentro de sí mismo que están frenando el progreso en otras áreas de la vida. También permite una comprensión más profunda de uno mismo y el crecimiento personal. En última instancia, el despertar espiritual se trata de aprender a ver la totalidad de lo que somos como seres humanos, y esto incluye todos los aspectos de nosotros mismos, también nuestro lado oscuro.

Los ejercicios del trabajo de sombras pueden guiarnos a un despertar espiritual

La meditación es un ejercicio del trabajo de sombras que puede ayudar al despertar espiritual
https://pixabay.com/images/id-5353620/

Los ejercicios del trabajo de sombras pueden guiarlo al despertar espiritual al ayudarlo a observar dentro de sí mismo. A través de este proceso, uno puede entender mejor su lado oscuro y, en última instancia, aprender a integrarlo. A medida que aceptemos nuestras debilidades, nuestros rasgos negativos e imperfecciones, entenderemos que son solo parte de la experiencia humana y ya no serán una carga. A través de la práctica de estos ejercicios, uno aprenderá a amarse y aceptarse a sí mismo tal como es y experimentar el amor propio.

El trabajo de sombras es esencial para desarrollar la capacidad de reconocernos a nosotros mismos dentro de nuestro entorno. Este proceso nos permite entender que no estamos separados unos de otros o desconectados del mundo que nos rodea. Todos estamos conectados y somos parte de una conciencia global.

El trabajo de sombras nos ayuda a tomar conciencia de nuestro lugar en el mundo y cultivar la aceptación de todo lo que es parte de nosotros mismos y de nuestras experiencias en este mundo. Este proceso le permite perfeccionar su empoderamiento personal para vivir una vida llena de propósito.

Para lograr un verdadero despertar espiritual, un individuo debe estar dispuesto a embarcarse en un viaje de autodescubrimiento que a veces puede ser incómodo. Como se dijo anteriormente, las fases iniciales del trabajo pueden ser estresantes y pueden hacerlo sentir vulnerable. Sin embargo, si usted supera estos sentimientos, comenzará a entender quién es usted como persona y su lugar dentro del universo. Esto puede producir efectos profundos en la autoestima y el sentido de identidad, y conducir a una mayor claridad en otras áreas de su vida.

También es importante tener en cuenta que no todos los ejercicios causarán un despertar espiritual. Muchos ejercicios de despertar espiritual, como la meditación y las prácticas de atención plena, están diseñados para ayudar a uno a estar en sintonía con uno mismo. Además, estos ejercicios lo pueden relajarlo y potencialmente causar un despertar espiritual a largo plazo, pero no necesariamente impulsarán el proceso.

Debe abrazar todos los aspectos de su ser para alcanzar el despertar espiritual

A medida que los individuos aceptan todas las partes de las que antes se avergonzaban, comenzarán a apreciarlas y amarlas. En cuanto a la sombra, uno debe estar dispuesto a aceptarla por lo que es para integrarla plenamente.

Nuestra perspectiva de nosotros mismos y del mundo que nos rodea está en constante cambio. La perspectiva de uno sobre nuestros aspectos también puede cambiar con el tiempo. Por ejemplo, en un momento de su vida puede verse gordo y luego perder peso y verse flaco. O incluso puede engordar y ver su antigua versión gorda como flaca. La forma en que nos percibimos a nosotros mismos no siempre es un reflejo preciso de quiénes somos.

De hecho, muchas personas dejan de lado algunas partes de sí mismas para cumplir con estándares sociales u otras expectativas. Por ejemplo, algunos evitan su deseo de ayudar a otros y dedican su tiempo y energía a ganar dinero. Otros pueden ser tímidos, y tratan de enmascararlo siendo extrovertidos y agresivos. Al rechazar nuestro "lado oscuro", nos sentimos incompletos como personas y carecemos de un sentido de amor propio. Esto también puede traer problemas a la salud mental. Es importante aceptarse por lo que uno es y permitir que otros hagan lo mismo.

El proceso de trabajo de sombras lo ayudará a enfrentar los aspectos de sí mismo que ha estado rechazando, a tomar conciencia de lo que son y a hacer las paces con ellos. Luego permitirá a los demás liberar la vergüenza o el miedo de estos rasgos negativos, emociones o experiencias para obtener la autoaceptación. Este proceso puede conducir al despertar espiritual porque una vez que las personas se aceptan a sí mismas por lo que son, su sentido de identidad se verá reforzado y su autoestima mejorará.

Señales del despertar espiritual

Se da cuenta de que la vida tiene mucho más para ofrecer: es posible que, hasta ahora, haya pensado que su vida era bastante mundana. Despierta, va a trabajar, gana dinero y regresa a casa. Trata de no perjudicar a nadie, es amable con el vecino, paga sus cuentas, mantiene la cabeza baja y es un buen ciudadano. Sin embargo, a medida que comienza a despertar espiritualmente, descubrirá que hay mucho más en usted y en la vida. Comenzará a preguntarse acerca de su verdadero propósito y cómo puede sacar el máximo provecho de esta vida.

Se vuelve más consciente de su entorno: es fácil quedar atrapado en el ajetreo y el bullicio de la vida cotidiana y dar por sentado todo lo que lo rodea. Sin embargo, a medida que se desarrolla espiritualmente, comienza a notar más detalles sobre su entorno, incluidas otras personas, plantas, animales y cómo todo está conectado. Sentirá un sentido de propósito y significado en la vida al reflexionar sobre lo afortunado que es de estar aquí en este momento.

Siente una creciente sensación de empatía: la empatía es realmente uno de los mejores dones para usted y para quienes lo rodean. A medida que se desarrolle espiritualmente, descubrirá que está más en sintonía con los sentimientos de los demás. Querrá proporcionar consuelo y alivio para su dolor y sufrimiento porque puede recordarle algo que sucedió en su vida. La experiencia personal es una gran maestra, así que si puede usarla, valdrá la pena.

Ya no se identifica con su ego: una de las cosas más importantes que nos enseña el despertar espiritual es que no somos nuestros egos. A medida que despertamos espiritualmente, comenzamos a darnos cuenta de lo mucho que nuestros egos se interponen en nuestra forma de vivir. Cuando vivimos en el presente, también estamos conectados con nuestro ser superior. Cuando no vive identificado con su ego, experimentará una profunda sensación de paz y alegría porque ya no está viviendo en el pasado o preocupándose por el futuro.

Descubre la conexión entre todas las cosas: aumentará su comprensión de la realidad y su conexión con el mundo que lo rodea. Sentirá un profundo sentido de gratitud. Abrirá su corazón y comenzará a sentir más compasión por todo lo que lo rodea y por usted mismo.

Se vuelve más consciente de sus sentidos: a medida que despierta, comenzará a estar más en sintonía con las diferentes facetas de su ser y su vibración. También se volverá más consciente de cómo estas frecuencias pueden afectar las emociones, pensamientos y comportamientos de los demás. Descubrirá que es importante permitirse estar presente en este momento mientras experimenta la vida.

Se siente más liviano: es normal que las personas se sientan inseguras sobre sus cuerpos porque tendemos a compararnos con la apariencia de los demás. Pero a medida que despierta, se dará cuenta de que usted es mucho más que un cuerpo físico. Sus pensamientos, sentimientos y comportamientos son tan importantes como todo lo demás.

Siente las cosas de manera más profunda: ahora que podemos aceptarnos a nosotros mismos como realmente somos, es posible que sintamos todo a un nivel más profundo. Cuanto más profunda es la emoción o el sentimiento, mayor es nuestra capacidad de conectarnos a nivel personal. Comenzamos a buscar significado en nuestras vidas, y esta búsqueda nos lleva a lo que creemos que es "verdadero". Muchos tienen dificultades para desarrollar algún tipo de espiritualidad porque no saben dónde buscar o dudan de si es real.

Etapas del despertar espiritual

1. **Reconocer la existencia del espíritu:** lo primero es darse cuenta de que hay mucho más en la vida que los aspectos físicos. En esta etapa del despertar espiritual, deja de pensar en sí mismo y en lo que necesita hacer para sobrevivir, y empieza a pensar en la conciencia a gran escala. Se siente como el héroe de una película, convocado de su vida cotidiana mundana a una aventura más grandiosa. Llega un momento en nuestra vida que nos damos cuenta de que no podemos simplemente seguir viviendo de la misma manera. Nos damos de que las únicas opciones son evolucionar o morir. Para algunas personas, este momento crucial podría ser el resultado de perder a un ser querido, la ruptura de una relación importante, una experiencia cercana a la muerte, una gran enfermedad o la pérdida un trabajo conveniente. No importa la situación específica, pero es una emoción que todos vivimos. Esta experiencia lo llevará a su centro. Lo hará darse cuenta de que la forma en que siempre ha visto la vida ya no es apropiada. Lo despertará de un sacudón. En ese momento, puede cerrar los ojos y volver a dormir o levantarse y encarar esa aventura. En esta instancia, lo mejor es prestar atención al llamado porque si no lo hace, la vida creará un nuevo conjunto de circunstancias con el mismo patrón para sacudirlo una vez más. No es nada agradable quedarse atrapado en ese círculo.

2. **Elegir su camino:** en este punto de su despertar, se da cuenta de que su visión del mundo debe expandirse, y para que eso suceda, debe elegir qué camino seguir. Este período es tan emocionante como aterrador. Se cuestionará todo lo que siempre ha creído sobre sí mismo, las personas de su vida y el mundo que lo rodea, y se verá obligado a cambiar su postura sobre muchas cosas. Este es el punto donde algunas personas recurren a la religión, y otros recurren a prácticas espirituales como la meditación. Otros incluso recurren a los psicodélicos para explorar su conciencia interna y la conciencia del mundo. Algunos elegirán múltiples rutas para encontrar las respuestas. Nadie debería decirle si un camino es mejor que otro. Deje que su corazón lo guíe.

3. **Recorrer el camino**: ahora se convertirá en un buscador. Estudiará todo lo que necesita saber sobre sí mismo y el mundo que lo rodea para conectarse con la realidad de la vida. Cuanto más

avance, más familiar se sentirá todo, pero también se presentarán nuevos desafíos para que no se sienta demasiado cómodo. En esta fase, pasará de usar marcos de referencia externos, como las cosas que usted tiene y el lugar en el que está en la vida, a sus marcos de referencia internos, como la guía espiritual y la intuición. Al encarar un problema, ya no usa sus viejos formatos basados en el ego y lo externo, sino que quizás se siente a meditar o permanezca quieto en búsqueda de respuestas internas. Sabe que está progresando cuando se siente más y más liviano cada día, y la alegría es su estado natural. No se toma la vida tan en serio, y ya no se apega al melodrama como los demás. Sus deseos se cumplen con facilidad. Antes solía luchar por hacer sus sueños realidad. Ahora los manifiesta con facilidad y fluidez. Todos sus proyectos están influenciados por la gracia. Experimenta milagros constantes y pequeñas "coincidencias" en su vida que lo llevan hacia su propósito final.

4. **Perder el camino:** esta es otra fase del viaje espiritual del que debe ser consciente. Nadie dijo que el despertar espiritual siempre sería un lecho de rosas. En este camino, se verá obligado a enfrentar sus bases cognitivas y las formas en que ha estado engañándose. Tendrá que hacer las paces con sus defectos y deficiencias. Es necesario estar dispuesto a adaptarse, cambiar sus pensamientos y emociones y la manera en que percibe las cosas para llenarse de compasión y comprensión. Es posible que se encuentre con ciertas cosas o situaciones que desafiarán a su nuevo ser despierto, y depende de usted no ceder a la tentación de renunciar a su viaje. Lamentablemente, en este punto muchas personas eligen volver a su vida anterior. Si esto le sucede, no se preocupe. La vida volverá a llamar a su puerta para despertarlo una vez más. Sin embargo, es mucho mejor seguir adelante en vez de comenzar desde cero más tarde. Los desafíos pueden venir desde sus creencias personales, situaciones limitantes, enemigos físicos reales o contratiempos en su camino. Intentarán evitar que llegue a un nivel de conciencia más elevado. Todo esto está diseñado para hacerlo dudar de sí mismo. Pero debe permanecer fiel a su camino. Como dijo una vez el gran Robert Frost: "La única salida es atravesar".

5. **Alinearse con su camino:** esta fase del despertar espiritual es la trascendencia. Se da cuenta de lo conectado que está con la vida y ya no ve la distinción entre usted y los demás. Puede ver a Dios en

todo. Uno puede asumir que, para llegar a esta fase, necesita acumular mucho conocimiento y experiencia, pero no es así. La forma de llegar a este punto es dejar ir por completo todo lo que cree que sabe. Continúe despegando las capas del ego hasta que no queda nada más que conciencia pura, lo que se conoce como el estado de "Yo soy". No importa en qué etapa de su viaje esté, incluso si aún no ha despertado, este es el estado que todos estamos buscando.

Cuestionario: ¿En qué etapa del despertar espiritual estoy?

1. ¿He experimentado recientemente algo que me ha hecho cuestionar la vida?
2. ¿Tengo la sensación de que puede haber algo más que mi rutina diaria?
3. ¿Siento inquietud e insatisfacción dentro de mí?
4. ¿Me siento inseguro acerca de las creencias que tengo sobre la vida?
5. ¿He llegado a un punto en el que estoy desesperado por un cambio?

Si respondió afirmativamente a al menos tres de estas preguntas, está en la primera etapa del despertar espiritual.

1. ¿Estoy buscando una manera de explorar mi espiritualidad?
2. ¿He estado considerando otros caminos últimamente?
3. ¿Siento una sensación de miedo mezclada con emoción?
4. ¿Mi intuición me señala a un maestro o práctica espiritual específica?
5. ¿Soy consciente de que una vez que comience este viaje no hay vuelta atrás? ¿Estoy en paz con eso?

Si respondió afirmativamente a al menos tres de las cinco preguntas, se encuentra en la segunda etapa de su viaje.

1. ¿He elegido los caminos y herramientas que deseo usar para explorar mi lado espiritual?
2. ¿Me encuentro aprendiendo más y, aun así, deseando más conocimiento?

3. ¿Estoy empezando a buscar las respuestas dentro de mí en vez de tratar de controlar el exterior?
4. ¿Diría que mi vida se siente mucho más liviana ahora que antes de comenzar el camino espiritual?
5. ¿He notado mucha más sincronicidad a mi alrededor?

Si responde afirmativamente a al menos tres de estas preguntas, se encuentra en la tercera fase.

1. ¿Estoy empezando a perderme en este camino espiritual que he elegido?
2. ¿He empezado a darme cuenta de lo imperfecto que soy?
3. ¿Estoy lidiando con la incomodidad de mis bases cognitivas?
4. ¿He notado una tendencia a no ser consistente con mis prácticas?
5. ¿Me siento frustrado conmigo al punto de querer volver atrás?

Si respondió afirmativamente a tres de estas preguntas, significa que está en la cuarta fase. Enfóquese para no perder el rumbo. Continúe. Valdrá la pena.

1. ¿Me resulta cada vez más difícil juzgar a alguien o algo porque entiendo que son parte de mí?
2. ¿Mi sed de conocimiento ha sido reemplazada por la satisfacción de simplemente experimentar la vida?
3. ¿Comprendo ahora que el ego no es lo que soy, sino una herramienta para usar a mi favor?
4. ¿Me he dado cuenta de que soy más grande que conceptos como el éxito y el fracaso?
5. ¿Comprendo ahora que no hay nada que hacer sino simplemente ser?

Si respondió que sí a al menos tres de estas preguntas, está en la etapa final del despertar espiritual. Disfrute, pero también entienda que las personas despiertas pueden volver a dormirse. Si alguna vez se duerme, no se agobie. ¿Cómo puede despertar si no está dormido? El despertar es un proceso continuo. Nunca se castigue, no importa en qué parte del proceso se encuentre.

Guía de 30 días para el despertar espiritual a través del trabajo de sombras

Día 1: siéntese a meditar durante quince minutos y simplemente preste atención a su respiración.

Día 2: saque su diario y escriba todas las cosas positivas que se le ocurran sobre sí mismo. Cuando haya terminado, lea su lista y contemple cada punto durante uno o dos minutos.

Día 3: escriba en su diario todos los rasgos negativos que se le ocurran. Cuando haya terminado, revise la lista y haga todo lo posible para no juzgarse a sí mismo. Simplemente acepte esas verdades sin querer catalogarlas como "correctas" o "incorrectas".

Día 4: vuelva a las notas del día 2 y escriba lo contrario de todo lo que anotó como cosas buenas sobre usted. Cuando haya terminado, siéntese durante unos diez a quince minutos tratando de recordar los momentos en que actuó "mal". No se juzgue.

Día 5: haga el ejercicio con espejo mencionado en este libro.

Día 6: elija algunas afirmaciones de este libro, alrededor de dos o tres, y concéntrese en lo que significan para usted por solo diez minutos. Si tiene alguna idea, puede escribirla en su diario.

Día 7: piense en algún desafío al que se esté enfrentando, y luego recuerde la primera vez en la vida que sintió esa emoción específica.

Escriba sobre el desafío y el primer recuerdo que tiene sobre esa emoción.

Día 8: elija un aspecto de sí mismo que lo haya estado perjudicando y escríbale una carta.

Día 9: realice la técnica 3-2-1 para un aspecto de su sombra que desea abordar e integrar.

Día 10: registre todas las ideas que haya tenido de sus ejercicios desde el primer día hasta ahora. Anote tres cosas a mejorar en su vida cotidiana.

Día 11: pase tiempo en un lugar o con personas que lo "provoquen" a sentirse incómodo de alguna manera. Cuando se sienta provocado, preste atención a los pensamientos y emociones y regístrelos.

Día 12: revise todo lo que escribió el día anterior y piense en cómo las cosas que lo incomodan están dentro suyo. Piense en las formas en que, inconscientemente, las ha buscado. Escriba sus descubrimientos.

Día 13: siéntese con su espejo y haga cinco afirmaciones. Elija los más difíciles de aceptar y reflexione sobre lo que significa para usted.

Día 14: durante quince minutos, siéntese y contemple el hecho de que no es perfecto. Lea las notas a partir del día 11. Siéntase cómodo con el hecho de que la gente piensa y se siente de esta manera acerca de usted también.

Día 15: siéntese frente a su espejo y piense en las veces que ha hecho algo de lo que no está orgulloso. Permita que cada experiencia se desarrolle completamente en su mente, y cuando haya terminado, dígase a sí mismo mientras se mira a los ojos: "Está bien. Hiciste lo mejor que pudiste en ese momento".

Día 16: haga el ejercicio de diálogo de voces. Escriba sus ideas.

Día 17: haga el ejercicio de enfrentarse a su "buen" yo. Escriba sus ideas.

Día 18: hable con dos o tres personas de confianza. Deje que le digan de tres a cinco cosas buenas y de tres a cinco cosas malas sobre usted. Mientras escucha, preste atención a cualquier impulso que sienta. Anote lo que dicen sobre usted. Tenga en cuenta con qué está de acuerdo y con qué no está de acuerdo. Siéntese y pregúntese "por qué" en ambos casos. Anote sus ideas en su diario.

Día 19: haga el ejercicio de "drenaje versus energía", y decida hacer al menos una cosa para ganar más energía y alegría en la vida.

Día 20: siéntese en silencio y reflexione sobre todo lo que ha aprendido desde el día 11 hasta este punto. Anote cualquier nueva información que pueda surgir dentro de usted.

Día 21: haga el ejercicio de hablar en voz alta. Asegúrese de registrar todo lo que aprenda sobre usted y su mente.

Día 22: escriba otra carta a otro aspecto de su sombra que quiera integrar para progresar en el aspecto de su vida que lo esté frenando.

Día 23: anote una o dos experiencias traumáticas de su infancia. Encuentre el hilo para entender cómo lo afecta en este momento como adulto. Cuando lo identifique, siéntese frente al espejo y afirme repetidamente: "Quien yo era entonces no afecta a quien soy ahora. Elijo ser mejor".

Día 24: pase un tiempo con aquellos que lo hacen sentir bien. Preste atención a lo que ama de ellos. Luego, escriba sus ideas sobre su comportamiento. Siéntese con lo que ha escrito y contemple el hecho de que esas cualidades también están dentro de usted. Observe todo lo que le cuesta aceptar y siga el hilo emocional para entender el porqué. Escriba sus ideas.

Día 25: elija cinco afirmaciones de este libro y úselas en su trabajo de espejo de hoy. Continúe repitiendo y asegúrese de sentir cada palabra. Si siente algún bloqueo o problema para aceptar algo, escriba en su diario el porqué.

Día 26: haga el ejercicio de diálogo de voces para otro aspecto de su sombra. Anote todo lo que surja.

Día 27: siéntese a meditar por solo quince minutos, permitiéndose sentir amor mientras respira. Si necesita ayuda para invocar esa emoción, piense en alguien querido o en un momento en el que haya sentido amor pleno. Al terminar la meditación, visualice su lado oscuro en su mente y abrácelo con fuerza y con todo el amor que siente en su interior.

Día 28: escriba una carta a ese aspecto que se sienta poco digno de amor y de recibir cosas buenas. Contemple y escriba sobre cómo este aspecto de su sombra ha tratado de protegerlo y ayudarlo. Agradézcale por sus servicios y pídale con amor y aprecio que lo libere.

Día 29: realice la técnica del tubo de luz arco iris antes de acostarse. Cuando se despierte por la mañana, tome nota de sus sueños y vea qué información puede obtener. Si no puede ver nada todavía, vuelva a intentar en otro momento.

Día 30: contemple todo lo que ha aprendido desde el comienzo de este viaje hasta hoy, y escriba cualquier cosa que le parezca profunda. Puede repetir esta guía según sea necesario durante los próximos 30 días.

Segunda Parte: Sanar al niño interior

Cómo empezar a sanar el alma herida que lleva dentro utilizando la meditación, la conciencia plena, la escritura de un diario y mucho más

Introducción

«¿Algún día vamos a crecer de verdad?»

Nos hacemos esta pregunta en broma o durante una conversación seria. Sin embargo, no importa la edad que tengamos o lo maduros que nos sintamos; nuestro niño interior siempre está ahí, esperando ser escuchado y sentido. Este libro pretende darle la oportunidad de conocer a su niño interior.

Algunas personas no están familiarizadas con el término «niño interior». El tema puede ser delicado, sobre todo si se ha vivido algo traumático que el propio niño interior aún sufre. Por este motivo, el libro tiene un enfoque sencillo y trata el tema con el nivel de sensibilidad que merece. No se usan términos complicados como en otros libros del mercado, que alejan al lector. Este libro está muy bien pensado. Se ha decidido utilizar un tono más comprensivo y humano que el de otros libros.

Se espera que el lector vea a su niño interior con amor y comprensión para poder contener su dolor. Su niño interior no es el síntoma de una enfermedad; no puede simplemente tomar una pastilla para adormecer su dolor. Es una parte de usted que requiere otro tipo de sanación. Por eso hemos incluido métodos prácticos e instrucciones para ayudarle en ese proceso. Todos los métodos mencionados en este libro han demostrado ser exitosos para todo tipo de personas. Estas instrucciones son claras y directas, para evitar confusiones y facilitar el seguimiento paso a paso.

«¿Qué es un niño interior?»

Esta es la pregunta que lo ha traído hasta aquí. Sin embargo, la respuesta no es una definición que se pueda encontrar fácilmente en Google. Esta pregunta es mucho más profunda, y el libro le da una respuesta detallada sin complicarla demasiado. Cubre todo lo relacionado con el concepto de niño interior para que pueda aprender más sobre usted mismo.

Cuando tome conciencia de su trauma y se enfrente cara a cara con su dolor, podrá sanar y crecer. Pero primero debe descubrir a su niño interior y aprender a aceptarlo, ya que solo así podrá iniciar el proceso de sanación. Este libro le ayudará a dar el paso para que por fin pueda crecer y dejar atrás sus heridas del pasado.

Nadie dijo que el viaje de sanación fuera fácil. Pero comenzar por el primer paso lo pondrá en la dirección correcta. Al leer este libro, dará sus primeros pasos en el camino de la sanación para dejar atrás el pasado y convertirse en la mejor versión de usted mismo. Respire profundo, relájese y prepárese para conocer a su niño interior.

Capítulo 1: Explicación del niño interior

De niños, no veíamos la hora de crecer y convertirnos en adultos. Siempre creímos que la edad adulta es mucho más divertida. Ya no se vive con los padres, se tiene independencia económica y se toman las propias decisiones. Se vive la vida como se desea y se experimenta la libertad que conlleva ser adulto. Sin embargo, un día un jefe da una evaluación negativa o se presenta una pelea con un gran amigo, y de repente, se vuelve a ser el niño de seis años. Solo se quiere llorar o hacer una pataleta y esperar un abrazo fuerte de alguien que diga: «Todo irá bien».

Es importante entender qué es su niño interior
https://unsplash.com/photos/Ewfrjh0GvtY

¿Qué provoca? Lo más probable es que el niño interior haya salido de su escondite y esté intentando decir algo. ¿Qué es un niño interior? ¿De dónde viene este término?

El niño interior

El psiquiatra Carl Jung acuñó por primera vez el término niño interior. Jung hizo este descubrimiento después de pasar un tiempo trabajando en su interior e intentando comprender las razones de sus emociones infantiles. Se dio cuenta de que hay otra parte de la personalidad que influye en las acciones y decisiones. Jung lo llamó «el niño interior» para describir la parte de un ser humano que no crece y se estanca en la etapa infantil. Algunas emociones y recuerdos negativos persisten y se reproducen como una película dentro de la cabeza, mientras que hay otros felices que se rememoran con cariño. Todos estos recuerdos y experiencias, ya sean buenos o malos, se almacenan en el inconsciente y van construyendo el niño interior.

La palabra niño suele asociarse con inocencia, alegría y despreocupación. Aunque el niño interior almacena estas emociones y características positivas, también guarda aspectos negativos, como los traumas y el dolor sufrido por parte de los seres más cercanos y de más confianza, como padres o profesores. De hecho, la personalidad empieza a forjarse entre los tres y los cinco años. Por desgracia, algunos sentimientos no se superan y permanecen, influyendo en las decisiones, relaciones y otros aspectos de la vida.

Debido a su nombre, el término «niño interior» se utiliza a veces a la ligera. A diferencia de lo que algunas personas puedan creer, no significa tener pensamientos infantiles o actuar como un niño. Es un aspecto de la personalidad que existe en el inconsciente y puede describirse como una «subpersonalidad». En pocas palabras, se trata de otra faceta de la personalidad que suele salir a la luz al enfrentar adversidades.

Cuando su niño interior toma el control, toma decisiones, tiene pensamientos y muestra comportamientos basados en sus traumas infantiles y en la necesidad de su niño interior de protegerlo. Su niño interior no es consciente de que ha crecido y de que su vida ha cambiado. Las necesidades insatisfechas y las emociones reprimidas aparecen cuando menos se lo espera en forma de ira, rebeldía o miedo. Puede que siga aferrado a ciertos pensamientos y creencias que están en su cerebro desde que era niño, como el tabú por el sexo o que los hombres no lloran.

Los traumas del pasado hacen que su alma se vuelva pesada debido a todo el dolor y la negatividad que arrastra. Cada decisión que toma está impulsada por el miedo y el deseo de protegerlo de cosas que no son reales o que ya no afectan a su vida.

El niño interior es un alma herida que sufrió abusos emocionales, físicos o ambos. Tal vez su familia abusó emocionalmente, fue intimidado de niño en casa o en la escuela o fue criado por padres narcisistas que no pudieron amarlo de la manera en la que un niño quiere ser amado. Su cuerpo puede quedar cubierto de heridas tras un accidente, lo mismo puede ocurrir con su alma tras una educación traumática. Sin embargo, a diferencia de las heridas físicas, que se curan con el tiempo, las heridas del alma no se curan y el niño interior nunca crece ni se desarrolla. El dolor experimentado puede crecer y si no da los pasos necesarios para sanarse, sufrirá el resto de la vida.

Es vital para su bienestar que tome conciencia de su niño interior. Algunas personas pueden experimentar rabietas o arrebatos de ira como niños sin tener idea de qué desencadena esas emociones. Aprender sobre su niño interior y trabajar sobre usted mismo le ayudará a sanar y a experimentar el despertar y el crecimiento espiritual. Descubrir sus experiencias pasadas y comprender la raíz de su dolor y sus miedos lo pondrá en el camino de la sanación.

Aunque su niño interior es producto de las experiencias pasadas, desempeña un papel muy importante en la formación de su personalidad como adulto. En lugar de dejar que lo convierta en una persona enfadada, herida o amargada, puede dejar que le ayude a superar el pasado y a perdonarse a usted mismo y a los demás. Puede convertirlo en una persona más segura, que sabe quién es y lo que quiere. Así podrá experimentar la parte divertida y creativa de su niño interior sin estar consumido por la negatividad.

En el proceso de sanación, se quitará un peso de encima, a medida que su alma sane, su espíritu despierte y experimente el crecimiento espiritual. Ya no será controlado por el miedo o el trauma.

Según la mentora y autora Cheryl Richardson, «el trabajo con el niño interior es esencial. Es la esencia del crecimiento de una persona integral». No podrá cambiar y dejar atrás el pasado para convertirse en la persona que siempre ha querido ser si no trabaja primero con su niño interior. Trabajar con él le ayudará a superar el dolor y los traumas de su infancia.

Podrá tomar decisiones basadas en su experiencia adulta y no en sus miedos infantiles.

¿Cómo se forma el niño interior?

Como ya hemos dicho, el niño interior está formado por todos los recuerdos y experiencias de la infancia, los buenos y los malos. Recuerde lo feliz que era cuando su padre lo iba a buscar al colegio y lo llevaba con sus hermanos a su pizzería favorita, o lo feliz que lo hacía la sonrisa de su abuelo cada vez que iba a visitarlo. Se llena de amor y calidez cada vez que rememora esas cosas. También recuerde que alguna vez fue el único de su clase al que no invitaron a una fiesta de cumpleaños. Su niño interior aún recuerda el dolor de su madre cuando recibió la noticia de que su abuela había fallecido. Está grabado en su memoria cada vez que un niño del colegio lo insultó o se burló de usted.

Recuerde cómo su mejor amigo de la infancia decidió un día que no quería ser más su amigo porque ya no era divertido o la vez que su profesor lo avergonzó delante de toda la clase. Recuerde si uno de sus padres lo maltrataba física, mental o emocionalmente, o simplemente no estaba disponible para usted. Cómo le hicieron perder la fe en su físico cada vez que le decían que adelgazara o hacían comentarios sobre su cuerpo cuando comía pizza o chocolate.

El tiempo pasa y llega a la incómoda adolescencia. Su niño interior sigue ahí, lleno de dudas sobre usted mismo como resultado de su educación. Lo acompaña a su primera entrevista de trabajo, con miedo, porque aún recuerda todas las veces que sus padres lo hicieron sentir que no era suficientemente bueno. Aparece cuando se pelea con su pareja; teme que lo abandone como hicieron sus padres o que piense que no es lo bastante bueno, igual que tal vez le hicieron sentir sus padres.

Su niño interior está formado por todo lo que ha vivido, visto, oído y sentido. Todas sus experiencias positivas y negativas influyen en lo que es hoy. Incluso las cosas más pequeñas que le enseñaron sus padres, como quedarse en un trabajo, aunque lo odie o que si no se arregla nadie lo mirará. En pocas palabras, su niño interior está formado por toda su infancia. Incluso las experiencias que no recuerda siguen vivas en su inconsciente.

Otras experiencias de la infancia que moldean al niño interior son:
- Maltrato constante por parte de los padres.
- No tener derecho a opinar.
- Padres, hermanos u otros familiares le avergüenzan constantemente.
- Límites violados constantemente.
- Castigos e intolerancia a las diferencias.
- Gritos o castigos cada vez que se expresa.
- Nula muestra de afecto de los padres.
- Imposibilidad para expresar los sentimientos, ya fueran positivos (como la alegría) o negativos (como la rabia).
- Los padres lo hacen responsable de su felicidad.
- Los padres no le permiten ser un niño y jugar o divertirse.

Cómo influye el niño interior en su vida adulta

De vez en cuando, su niño interior herido se apodera de usted y empieza a actuar. Su alma herida está sufriendo, lo que puede manifestarse en forma de rabietas emocionales, comportamientos escandalosos o prevención cada vez que alguien intenta acercarse a usted. También puede desarrollar algunos rasgos de personalidad como resultado de que su niño interior esté atrapado en el pasado.

Problemas graves de confianza

Esto puede ser el resultado de que uno de sus padres lo manipulara o le mintiera cuando era niño. Cree que cualquier persona a la que deje entrar le hará daño o le decepcionará.

Ansiedad

Siempre está ansioso ante situaciones nuevas, como ir a un sitio nuevo, conocer a gente nueva o vivir experiencias nuevas. Esto se debe principalmente a que se siente incómodo con cualquier cosa o persona con la que no esté familiarizado y no puede predecir qué ocurrirá o cómo actuarán los demás.

Culpa y baja autoestima

Crecer con unos padres que lo culpaban por todo, incluso de cosas que no eran culpa suya, puede hacerle sentir culpable. Por lo tanto, crece sintiendo que todo es culpa suya y sufre innecesariamente. Crecer creyendo que tiene la culpa de todo puede afectar a su autoestima y no permitirle explorar sus talentos o habilidades ni tomar conciencia de su autoestima.

Incapacidad para establecer límites sanos

Decir no y defenderse son ejemplos de cómo establecer límites saludables. Sin embargo, puede suceder que su familia nunca respete sus límites ni acepte el «no» como respuesta. En ese caso, se convierte en un ser muy complaciente y pone a los demás por encima de usted mismo y de su felicidad.

Miedo al abandono

Piensa que todo el mundo le abandonará, sus amigos o sus padres (esto puede ser el resultado de haber sido abandonado por uno de sus padres cuando era niño). El miedo al abandono también puede provocar miedo al compromiso. Aunque su ser querido haga todo lo posible por demostrarle que nunca se irá, su niño interior le impediría creerle.

Dificultad para controlar sus emociones

De niño, es probable que alguno de sus padres lo descuidara o lo abandonara. En lugar de culparles por irse, piensa que es culpa suya. Esto hace que le resulte difícil gestionar sus emociones y dirigir su ira contra la persona adecuada.

Miedo a hablar

Quizá sus padres lo juzgaban cada vez que hablaba, no lo escuchaban o le hacían sentir que su opinión no importaba. Esto también puede impedir que establezca límites saludables, y dé a los demás la oportunidad de que controlen su vida.

Tendencias a la adicción

Si es adicto a las drogas o al alcohol, pueden ser ocasionadas por su niño interior tratando de adormecer el dolor, en lugar de enfrentarlo. La adicción es una de las señales más obvias y peligrosas de que su niño interior necesita atención.

Se siente poco querido

Suponga que sus padres no estaban disponibles emocionalmente cuando era pequeño. En ese caso, crece sintiéndose poco querido, porque nadie le demostró que es digno de amor.

Pensamientos negativos

Cada vez que está disgustado o se enfrenta a una dificultad, como no conseguir trabajo, empieza a tener pensamientos negativos y de menosprecio por usted mismo, como «no soy lo bastante bueno» o «no tengo las habilidades adecuadas». Tal vez sus padres nunca creyeron en usted de niño o lo comparaban constantemente con un hermano.

Se descontrola con facilidad

Cualquier situación, grande o pequeña, puede desencadenarse por una u otra razón porque le recuerda a situaciones similares que tuvieron lugar cuando era niño. Se descontrola, lo que puede afectar a su bienestar, sus relaciones y su carrera profesional.

Busca la aprobación de los demás

Si creció con padres que nunca lo validaron a usted ni a sus sentimientos, buscará constantemente la aprobación en otra parte. No puede comprender que la validación viene de dentro.

Sus acciones no son más que un mecanismo de defensa que su niño interior utiliza para protegerlo de más dolor.

Crecimiento espiritual y bienestar mental

¿Cómo puede experimentar crecimiento espiritual y mejorar su bienestar si su niño interior es quien manda? El primer paso hacia la sanación es comprender que no es usted quien tiene el control. Hay otra parte de su personalidad en su inconsciente que lo retiene para protegerlo del daño. Si ignora esta parte de usted mismo o hace como si no existiera, se manifestará en estallidos de ira y pataletas, al igual que lo hace en los niños. ¿Cómo se trata a un niño enfadado? Se le presta atención y se intenta comprender el origen de su dolor.

Ahora que sabe que su niño interior es responsable de algunos de los rasgos negativos de su comportamiento impredecible, puede entablar un diálogo con él y empezar a formar una relación. Su niño interior está intentando de decirle algo; está pidiendo ayuda a gritos intentando llamar su atención. Escuchar a su niño interior le permitirá ver su mundo y conocer su dolor, sus sufrimientos, sus esperanzas y sus necesidades. Puede lograr esto mediante diversos métodos, como la mediación, que se tratará en detalle en los próximos capítulos.

Una vez que empiece a escuchar a su niño interior y navegue a través de todos los traumas, el dolor y la ira que ha estado guardando, comprenderá que requiere sanación espiritual. Prestar atención a su niño interior es como descubrir diferentes capas de usted mismo. Conocerá mejor esta parte de su personalidad, comprenderá lo que necesita y podrá proporcionárselo. Puede que descubra cosas sobre usted mismo, como recuerdos o emociones reprimidas.

Cuanto más aprenda sobre su niño interior, más entenderá lo que necesita y cómo nutrirlo, satisfacer sus necesidades y darle el amor y la atención que siempre ha buscado. Trabajará en su sanación hasta que deje de consumirlo el miedo que lo retiene. Cuando su niño interior se sienta seguro, notará una diferencia en usted y en todos los aspectos de su vida. Se sentirá más seguro de usted mismo, más feliz y más cómodo en su propia piel. Su niño interior se convertirá en una voz que le motivará a vivir la vida que siempre ha deseado y a experimentar cosas nuevas, en lugar de ser una voz que le impide vivir por el miedo.

Como resultado de alimentar a su niño interior, experimentará la sanación espiritual y, por lo tanto, el crecimiento espiritual, porque ya no estará atrapado en el pasado. Su niño interior estará creciendo y evolucionando con usted. Cuando su espíritu sane, su bienestar prosperará y su salud física y mental también mejorará.

Cada uno de nosotros tiene un niño interior que intenta comunicarse. El suyo forma parte de lo que usted es, y ya es hora de que le preste la atención que se merece. Solo así podrá dejar atrás el pasado y llevar una vida llena de amor y positividad, en lugar de permitir que el miedo y los traumas dirijan el rumbo.

Capítulo 2: Los arquetipos del niño interior

Los patrones arquetípicos se encuentran en todas partes. Cuando se comprende la importancia de aprender sobre ellos y se profundiza en sus significados, se puede aprender mucho más sobre sí mismo y sobre el mundo. ¿Ha visto alguna vez a un hombre adulto convertirse en un niño ante sus ojos? Quizá su cara se iluminó de repente y empezó a reírse sin control al oír su canción favorita en la radio. Tal vez lo vio por primera vez soltarse y dejar de lado su expresión seria. ¿Cómo se produce este cambio tan radical?

Independientemente de la edad, siempre vive en nosotros un arquetipo infantil. Este arquetipo nace con nosotros y se nutre a lo largo de nuestra vida. Es la base de toda nuestra personalidad, crecimiento y desarrollo personal. Lo mejor del arquetipo del niño es que es mucho más que una formulación de la mente y la psique humana; es también un aspecto de nuestra alma. Los arquetipos infantiles son eternos y nunca disminuyen, ni son una invención de las experiencias pasadas, a diferencia de lo que se cree popularmente.

El arquetipo del niño sigue influyendo en las acciones, los comportamientos y la visión de la vida incluso en la edad adulta. El niño interior afecta las percepciones y la comprensión del mundo, así como la interpretación del mismo. El impacto del arquetipo suele ser más fuerte cuando se trata de situaciones de cuidarnos a nosotros mismos, cuidar de los demás, de la familia, la visión de la vida, la lealtad y la seguridad.

Conectar con su niño interior requiere que reflexione sobre sus deseos insatisfechos durante la infancia. También debe explorar sus comportamientos infantiles e inútiles, sobre todo los que influyen en la calidad de sus relaciones y en su capacidad para tomar decisiones racionales y calculadas. Piense en su niño interior como si fuera su propio hijo. Su arquetipo de niño es su primer hijo. Tiene que nutrirlo, cuidarlo, criarlo y seguir educándolo a lo largo de la vida. Nutrir a su niño interior es quizás el mayor acto de autocuidado que existe. Es el mejor regalo que puede hacerse a usted mismo.

El arquetipo del niño tiene dos caras: la consciente, que también se conoce como el lado luminoso; y la inconsciente, que es el lado oscuro o sombrío. En otras palabras, el primero representa su independencia y el segundo corresponde a su dependencia. La polaridad del niño interior se evidencia esencialmente en la forma en que maneja sus responsabilidades, equilibra sus deberes, depende de usted mismo o de los demás y cómo los demás pueden depender de usted. Reconocer a su niño interior, explorar sus necesidades, atenderlas y cultivar una relación sana con él le permite mejorar estos aspectos de su ser. Puede ayudarle a dar rienda suelta a su creatividad, mejorar sus relaciones, curar traumas del pasado, tomar mejores decisiones y alcanzar la independencia.

En este capítulo, aprenderá más sobre el arquetipo del niño interior y cómo puede ayudarle a promover su bienestar espiritual. A continuación, conocerá los seis arquetipos, descubrirá sus atributos y signos y comprenderá los desafíos de cada uno. Por último, encontrará un cuestionario que puede ayudarle a identificar el arquetipo que predomina en su niño interior.

¿Qué es el arquetipo del niño interior?

Cuando se dice que alguien encarna el arquetipo del niño interior, no se hace referencia necesariamente a que actúe de forma infantil. No es su comportamiento lo que refleja el arquetipo, en su mayor parte, sino más bien sus pensamientos reprimidos y las conversaciones que tienen lugar dentro de su mente. Cuando no puede deshacerse de las emociones y pensamientos abrumadores ligados a su infancia, su niño interior está pidiendo salir. Su arquetipo de niño, en el fondo, es la parte de usted que se asegura de que todas sus acciones estén alineadas con lo primero que ha aprendido, que es el resultado de las causas y sus efectos.

Su niño interior anhela seguridad y protección. Quiere una vida segura y perfecta. Hará todo lo que esté a su alcance para que le proteja y le cuide. Al mismo tiempo, su arquetipo infantil está convencido de que todo, bueno o malo, le ocurre porque se lo merece. La próxima vez que se diga a sí mismo que no se merece la traición de un amigo, por ejemplo, debe saber que es su niño interior el que está hablando.

Su arquetipo infantil ve la vida en blanco o negro. Aún no es consciente de las zonas grises y borrosas. Solo reconoce los acontecimientos como justos o injustos. Solo lo verá como merecedor o no merecedor. Cuando espera un aumento de sueldo o un ascenso, su niño interior reconoce su duro trabajo y, por lo tanto, cree que es justo que sea recompensado.

¿Ha buscado alguna vez la validación de alguien? Mentiría si dijera que no. Incluso las personas más seguras de sí mismas necesitan que alguien les diga que están haciendo un buen trabajo de vez en cuando. Todos necesitamos que alguien reconozca nuestros esfuerzos y exprese orgullo por nosotros. Esto se debe a que nuestro niño interior aún no reconoce el concepto de autoaprobación. Cuando éramos niños, la percepción que teníamos de nosotros mismos dependía sobre todo de cómo nos veían nuestros padres. Esperábamos a ver si nuestros padres aprobaban nuestras acciones antes de aprobarnos a nosotros mismos. Nuestros amigos del colegio determinaban nuestra autoestima. Si se burlaban de nosotros, creíamos inmediatamente que algo iba mal. Si formábamos parte del grupo, estábamos a salvo. Un niño, y el niño interior, no se da cuenta de que podemos aprobarnos a nosotros mismos antes de que lo hagan los demás.

Todos luchamos por nuestra propia autoaprobación. Por eso es importante darse cuenta de que, por muy positivas que sean las opiniones de la gente sobre nosotros, nunca colmarán la necesidad inquebrantable de querernos y aceptarnos a nosotros mismos. Hacer un esfuerzo consciente con su niño interior y embarcarse en el viaje hacia el autodescubrimiento y la aceptación le llevará finalmente a la autoaprobación. Solo entonces desaparecerá su necesidad de validación externa. No rechazará la aprobación de la gente: va en contra de la naturaleza humana. Pero no será dependiente de ella.

Niño interior vs. arquetipo del niño

Debe comprender a su niño interior antes de explorar su arquetipo infantil. La idea del niño interior se desarrolló por primera vez en el campo de la terapia y la psicología durante la década de 1960. Poco a poco más personas comprendieron la validez y la importancia de este concepto y su popularidad creció significativamente con el paso de los años. Ahora no solo es un aspecto muy importante de la psicología y la salud mental, sino también un pilar de la sanación espiritual y el bienestar.

Como mencionamos anteriormente, el niño interior es el aspecto de nuestra psique que está formado por todo lo que experimentamos y aprendimos a lo largo de nuestra infancia. Trabajar con esta dimensión de su ser espiritual y psicológico le permite determinar las necesidades y deseos que nunca fueron atendidos en su infancia. Este viaje también le ayudará a descubrir comportamientos inmaduros y patrones de sombra (¿recuerda las dos caras del arquetipo del niño?) que dan lugar a comportamientos perjudiciales y elecciones vitales destructivas en la edad adulta.

Por otra parte, el arquetipo infantil no es producto de lo que ha aprendido. Como recordará, también es un elemento de su alma. Este aspecto atemporal de su ser no está orientado al pasado, aunque su infancia sea determinante en una parte de él. Sanar a su niño interior requiere que afronte y supere traumas o experiencias del pasado. Sin embargo, trabajar con su arquetipo de niño le anima a comprometerse con esta parte de usted mismo y a explorar sus extremos luminoso y oscuro (o sombra) del espectro.

Sanación del niño interior

Cuando hablamos del niño interior, la idea que suele surgir es la de la sanación. Las personas que han sufrido incidentes traumáticos en su infancia se benefician de la sanación de su niño interior. Comprender estas partes de sí mismo y acercarse a ellas con compasión puede ayudarle a volver a los recuerdos que ha estado reprimiendo durante años. Aunque suele ser doloroso, el proceso es increíblemente transformador. Este proceso de sanación también se aplica a uno de los arquetipos infantiles conocido como el niño herido.

Motivaciones del arquetipo del niño

Cuando se trata del arquetipo del niño, la tensión principal surge de la dicotomía entre los conceptos de dependencia e independencia. Existe una lucha constante entre la necesidad de pertenecer y el deseo de destacar. Se quiere ser independiente, pero también se quiere encontrar un lugar entre los demás. La salud de su arquetipo infantil es determinada por la forma en la que establece un equilibrio entre esos dos extremos del espectro. Al trabajar con este aspecto de su espíritu, debe reflexionar sobre sus patrones de dependencia e independencia. ¿Es sistemáticamente individualista y totalmente independiente, o es hiperdependiente, o se mueve constantemente entre ambos extremos? ¿Cómo se siente al depender de alguien de vez en cuando? ¿Ambiciona más de lo que puede alcanzar e insiste en que puede asumir numerosas responsabilidades al mismo tiempo? Tal vez evite todos los compromisos que puede.

Tómese su tiempo para reflexionar sobre sus relaciones y responsabilidades. Determine de qué cosas y personas es responsable y quiénes son responsables de usted. Puede ser muy fácil decir que es responsable de usted mismo y que nadie más lo es. Sin embargo, no olvide tener en cuenta a su jefe en el trabajo, su médico, su compañía de seguros, su cónyuge, etc.; todos ellos son responsables de usted de una forma u otra.

Piense en su grado de implicación en la comunidad. ¿Hasta qué punto está «presente» en su familia? ¿Tiene familia propia? Si no la tiene, ¿hay alguna razón que le impida formar una? ¿Visita a menudo a sus padres o parientes? ¿Cuál es su relación con ellos? ¿Es miembro activo de su comunidad? Estas preguntas le enseñarán más cosas sobre el arquetipo de su niño. Tanto si se deja llevar por la corriente como si toma la iniciativa, defender sus necesidades y deseos es uno de los retos más destacados del trabajo con el arquetipo infantil.

Siempre que se sienta abrumado o le cueste estar en el momento presente, debe hacer una pausa. Ponga las tareas en pausa, deje de trabajar o de estudiar y no se esfuerce en lo absoluto. Permítase descansar de todo, incluidos sus pensamientos. Llame a su arquetipo de niño e invítelo a pasar tiempo con usted. Permítale que le muestre cómo jugar y pasar el tiempo. Despréndase de todas las expectativas y permítase la diversión. Descubra lo que le gusta hacer y abandone la lista de tareas pendientes por el momento.

Los seis arquetipos de niño

Existen numerosos arquetipos de niño. Cada uno manifiesta su equilibrio en el espectro de luz y sombra. Todos están asociados a una serie de cualidades positivas y negativas. Aunque se pueden reflejar los rasgos de varios arquetipos a lo largo de la vida, hay uno que es más representativo para cada persona.

1. El niño mágico (o inocente)

El niño mágico se siente fascinado por todos los que le rodean y es también un sujeto de fascinación para los demás. Encuentra el lado positivo en todas las situaciones y confía en la bondad innata de los demás. El niño inocente mantiene su fuerza, sabiduría y coraje incluso en tiempos de desastre. Cree que todo es posible y que todo puede cambiar para mejor. Es despreocupado y está encantado con el mundo que le rodea. Este arquetipo es el arquetipo del soñador.

Sin embargo, su lado oscuro es que puede volverse cínico con facilidad, incluso sobre cosas con las que solía fantasear durante horas y horas. Pueden pasar de creer en la magia y los cuentos de hadas a destruir los sueños de los demás. El lado oscuro del niño mágico puede llevarle a la depresión, y su principal reacción es recurrir a mundos de fantasía para escapar de la realidad. Este puede ser su arquetipo de niño si lucha contra las adicciones a la televisión, los libros, las sustancias o los videojuegos. Cuando está desequilibrado, pierde el contacto con la realidad. Un niño inocente suele negarse a tomar la iniciativa, lo que le lleva a alejar a la gente. En lugar de salir por sí mismo de los problemas, espera a que alguien venga y lo haga por él.

2. El niño huérfano

El arquetipo del niño huérfano siente que no pertenece a su entorno. No es necesariamente huérfano, sino abandonado espiritual, emocional o incluso físicamente. Es posible que sus padres o seres queridos nunca hayan atendido las necesidades físicas y emocionales de este arquetipo. Si es un niño huérfano, lo más probable es que le cueste establecer relaciones fuertes y sanas con su familia. También es posible que luche contra intensos sentimientos de soledad.

El niño huérfano puede trazarse la misión de ser completamente independiente en su viaje vital. Se empeña en aprender cosas por sí mismo, superar sus miedos por sí solo y evitar los grupos de personas. Solo confía en sí mismo. Aunque la independencia y el interés por el crecimiento y el desarrollo personal son aspectos positivos, este arquetipo tiene una fuerte sombra. El arquetipo del niño huérfano aparta incesantemente a todo el mundo. Se aísla y no deja entrar a nadie. Compensa esta soledad y el sentimiento de no ser querido buscando familia en lugares alternativos. Su principal reto es la lucha por encontrar el equilibrio a la hora de cultivar y mantener relaciones con los demás. Necesita aprender a confiar.

3. El niño herido

Como puede deducirse de su nombre, el niño herido arrastra una gran cantidad de traumas y experiencias dolorosas de su infancia. El abandono, los abusos y otras situaciones impactantes influyen inevitablemente en las relaciones, decisiones y mecanismos de afrontamiento de este arquetipo. El niño herido suele sentir una ira y un resentimiento inmenso hacia sus cuidadores. En la mayoría de los casos, se encarga de ayudar a otros que han pasado por experiencias similares. Su niño herido puede entrar en acción para protegerlo si sufrió un trauma de niño.

Este arquetipo suele soportar relaciones abusivas porque su sombra le mantiene atrapado en un ciclo de victimización propia. No puede evitar lamentarse por su situación y compadecerse de sí mismo. Se apresura a culpar a todos los que les rodean por cómo son y siempre está dándole vueltas a lo mal que le salen las cosas. El niño herido lucha por superar las emociones negativas. Siente que nadie le comprende.

Por otro lado, su empatía le impulsa a lanzarse a la primera oportunidad para ayudar a los demás, especialmente a quienes están atrapados en relaciones paternalistas. Cuando está equilibrado, el arquetipo del niño herido es compasivo e indulgente. Puede ser la razón de que alguien se sienta comprendido. Incluso puede servir como fuente de fortaleza para quienes necesitan sanar.

El principal desafío para este arquetipo es no permitir que las heridas de su infancia impacten en su edad adulta y luchar para encontrar formas saludables de lidiar con los traumas.

4. El niño de la naturaleza

El niño de la naturaleza cultiva conexiones profundas con todo lo que hay en la naturaleza. Puede establecer vínculos directos con los animales y comunicarse fácilmente con ellos. Está enraizado en la tierra y se siente atraído por los espíritus guías de los animales. Aunque es claramente empático, emocional y comprensivo, también es fuerte y resistente.

Al arquetipo del niño natural le encanta conectar con la tierra cuando está equilibrado. Le encanta respirar el aire fresco, caminar descalzo por las playas de arena y observar los distintos paisajes de la naturaleza. Sin embargo, su sombra puede hacer que descargue su ira contra todo lo que le rodea. Puede maltratar a las personas, los animales, las plantas y la naturaleza. En lugar de disfrutar de la naturaleza, descarga en ella sus emociones negativas. Puede tirar basura, talar árboles o expresar un odio irracional hacia los animales.

5. El niño eterno

El niño eterno quiere mantenerse física, mental y espiritualmente joven. Esto le lleva a evitar responsabilidades y compromisos. Este individuo tiene la misión de vivir la vida al máximo. Se caracteriza por su visión optimista, brillante y casi inocente de la vida.

Sin embargo, es muy reacio a asumir responsabilidades de adultos. Es muy poco fiable y a menudo sobrepasa los límites de los demás. En este caso, el principal reto es la lucha por aceptar que el envejecimiento es un aspecto inevitable de la vida. Necesita reconocer sus responsabilidades y encontrar un equilibrio entre mantenerse joven y asumir la edad adulta.

6. El niño divino

Los arquetipos del niño divino y del niño mágico son muy similares. Sin embargo, el arquetipo del niño divino tiene una misión más bien profética. Este individuo es inocente y puro, por lo que a los adultos con este arquetipo les resulta difícil reconocerse. A primera vista, es posible que no se dé cuenta de que lleva un niño divino en su interior.

El niño divino compensa las experiencias dolorosas recurriendo a esfuerzos espirituales o a lugares asociados con la alegría y el desarrollo. Tiene una fe inexplicable en que las cosas saldrán bien. Suele creer en alguna entidad divina.

Su lado oscuro se caracteriza por una tendencia a dejar que el miedo guíe sus acciones. Al hacerlo, puede herir a los demás antes de que le hagan daño a él.

Cuestionario: ¿Qué arquetipo de niño interior soy?

Responda a las siguientes preguntas con un «sí» o un «no» en la sección de «respuestas». El arquetipo con el mayor número de respuestas afirmativas es el arquetipo al que pertenece.

1. En general, me siento seguro.
2. A menudo me descuidaron de niño.
3. Me siento incomprendido por los demás.
4. Me siento en casa cuando paso tiempo en la naturaleza.
5. Huyo de las responsabilidades.
6. Siempre estoy emocionado por lo que vendrá.
7. Creo sinceramente que nadie tiene la intención de hacer daño a otra persona.
8. La vida es una serie constante de sinsabores.
9. Los cambios en el mundo que me rodea me asustan.
10. Me siento en sintonía con los ciclos naturales del mundo.
11. Me cuesta encontrar un trabajo adecuado a mis necesidades.
12. Estoy abierto a experimentar las aventuras de la vida.
13. Confío en que los demás cuidarán de mí.
14. Tengo miedo de las personas autoritarias.
15. Lucho con la autoestima y la autovaloración.
16. Tengo miedo de no sobrevivir.
17. A veces me invade un falso sentimiento de arrogancia.
18. Suelo ser el centro de atención.
19. Creo que el mundo es un lugar seguro.
20. Me siento abandonado.
21. Me siento ansioso cuando mi seguridad se tambalea ligeramente.
22. A menudo me preocupa que me traicionen.
23. Intento vivir mi vida al máximo, sin importarme las consecuencias.
24. Tengo fe en que las cosas saldrán bien, aunque a veces no lo parezca.

Respuestas:

El niño inocente:

1:

7:

13:

19:

El niño huérfano:

2:

8:

14:

20:

El niño herido:

3:

9:

15:

21:

El niño de la naturaleza:

4:

10:

16:

22:

El niño eterno:

5:

11:

17:

23:

El niño divino:

6:

12:

18:

24:

Por mucho que intentemos luchar contra él, nuestro niño interior sobrevive dentro de nosotros, exigiendo sus derechos. Es una parte activa de lo que somos, pide atención y requiere reconocimiento. El arquetipo del niño desea ser escuchado. De él provienen nuestros arrebatos lúdicos aleatorios, nuestros momentos de inocencia, creatividad e imaginación salvaje. Aunque nunca desaparece, la voz del niño interior se vuelve más tenue a medida que nos adentramos en la adolescencia. Con las presiones y expectativas que conlleva la edad adulta, a menudo sentimos el impulso de reprimir al niño interior. A medida que esta voz se hace menos prominente, pensamos que la hemos superado con éxito y que podemos dejarla atrás para siempre. Sin embargo, esto nunca es así.

Capítulo 3: Descubrir al niño interior

Si no vuelve a buscar a su niño interior para salvarlo, ¿quién lo hará? Usted es el único que puede conectar con él y entender lo que está pasando. A medida que crecemos, perdemos el contacto con nuestro niño interior. Nos olvidamos de esa parte inocente de nosotros mismos que aún experimenta emociones infantiles y necesita que la cuiden. Descuidamos nuestras esperanzas, sueños y necesidades y nos preocupamos solo por lo que quiere nuestro yo adulto. Su niño interior es también la parte que guarda su dolor y sus traumas, lo que puede influenciar sus decisiones y reacciones. Nadie puede negar su papel en la formación de nuestra personalidad, lo que nos lleva a preguntarnos por qué no le prestamos atención.

Siempre hay una razón oculta o un desencadenante detrás de nuestras acciones o reacciones imprevisibles. Su niño interior es una parte de su subconsciente que guarda la respuesta a la pregunta «¿por qué soy así?». Si no reconoce esta faceta de su personalidad, es posible que nunca llegue a comprender del todo quién es o por qué experimenta determinadas emociones.

Debe reflexionar para descubrir a su niño interior
https://unsplash.com/photos/bbjmFMdWYfw

Encontrar a su niño interior es vital para su sanación. Su alma herida requiere atención para superar todos los traumas que ha experimentado a lo largo de los años. Sin embargo, ¿cómo solucionar un problema si no es consciente de él? ¿Cómo satisfacer las necesidades de su niño interior si no sabe cuáles son? La sanación requiere un viaje de autodescubrimiento y enfrentarse cara a cara con los traumas, el dolor y los miedos. En pocas palabras, para sanarse, debe enfrentarse a su niño interior y llegar a la raíz de su trauma. Si no es consciente de su niño interior, este se apoderará de usted cuando menos lo espere y lo dominará.

Descubrir a su niño interior, como su nombre indica, es tomar conciencia de su alma herida, reconocerla, admitir su existencia y darle el amor y la compasión que siempre ha necesitado. Este viaje de autodescubrimiento le permitirá abrazar y aceptar a su niño interior como parte de lo que es, en lugar de luchar contra él, ignorarlo o adormecer el dolor. Dicho esto, no puede emprender este viaje sin antes aprender a quererse y valorarse. Creer en usted mismo, en sus capacidades y en sus habilidades le motivará no solo a descubrirse, sino también a creer que puede curar sus heridas.

Cuando empiece a descubrir y abrazar su alma herida, verá esta parte de usted como un niño pequeño indefenso que necesita amor, compasión y aceptación. Aunque encontrar a su niño interior es muy beneficioso para su bienestar, para algunas personas puede ser un paso grande y aterrador. No sabe lo que descubrirá en este viaje. Su niño interior puede estar feliz y sano o estar traumatizado por cosas que usted ni siquiera recuerda.

Beneficios de descubrir al niño interior

Descubrir a su niño interior le ayudará a liberar el dolor y los traumas que han herido su alma. Cuando su niño interior está sano, empieza a navegar por la vida como un adulto que toma decisiones y se enfrenta a los retos en lugar de limitarse y tener miedo. Nuestro niño interior tiene necesidades, pero cada vez que nos las comunica, las descartamos por pensarlas innecesarias. Necesidades como el amor, la seguridad, los límites, la espontaneidad y la legitimación son válidas. Si no se satisfacen, pueden afectar la salud mental. Por eso, debe encontrar a su niño interior, escucharlo, nutrirlo y satisfacer sus necesidades para llevar una vida plena y feliz.

Descubrir al niño interior y conectar con él tiene muchas ventajas. Su niño interior está intentando llegar a usted y está buscando llamar su atención. Así que responda al llamado, póngase en contacto con esa parte de usted mismo y verá cómo mejoran varios aspectos de su vida.

Aumentar la confianza en uno mismo

Una vez que se ponga en contacto con su niño interior, comenzará su viaje hacia la autosanación. Acceder a esta parte de usted mismo despertará el lado juguetón de su niño interior, al que le encanta divertirse, probar cosas nuevas y vivir aventuras. Como resultado, será más audaz, tendrá más confianza en usted mismo y estará más decidido a alcanzar sus objetivos. Tendrá la mentalidad de «si puedo descubrir a mi niño interior y trabajar en él, puedo hacer cualquier cosa».

Autocuidado

Conocer a su niño interior es una forma de autocuidado. se dará la oportunidad de conocer sus necesidades para trabajar en satisfacerlas y así cuidar de usted mismo y de su bienestar. Su alma herida se sentirá como un niño de verdad al que tiene que cuidar y proteger, como una madre que no deja que nadie haga daño a su bebé. Por lo tanto, hará del autocuidado una prioridad.

Sentirse juguetón

A medida que accede a su niño interior, conoce el dolor, el trauma y los aspectos divertidos e infantiles de su personalidad. Se libera de todas las restricciones de la edad adulta, se suelta y se divierte. Experimenta una sensación de relajación lejos de la seriedad y las responsabilidades de la edad adulta, aunque solo sea por un rato. Esto puede hacer maravillas por su salud física y mental.

Comprenderse a sí mismo

Descubrir a su niño interior le hará conocerse a sí mismo. Descubrirá cosas de su pasado o de su personalidad que había olvidado o reprimido, como ciertas emociones y recuerdos. A través de este autodescubrimiento, podrá encontrar el origen del dolor que afecta a sus acciones y decisiones adultas, de modo que pueda dar los pasos necesarios para trabajar sobre usted mismo.

Mejorar la salud física

Muchas personas no son conscientes de los beneficios de comprenderse y conocerse mejor a sí mismas. El autoconocimiento le ayuda a relacionarse con los demás y a sentirse conectado con el mundo que lo rodea, haciéndole sentir que pertenece a un lugar. El sentido de pertenencia y de comunidad refuerza el sistema inmunitario y mejora la salud física.

Amor propio

El amor propio se confunde a menudo con el narcisismo o el ego; sin embargo, no puede ser más diferente. Muchas personas son reacias a quererse a sí mismas y consideran que es una idea extraña. Entrar en contacto con su niño interior le hará verse a sí mismo bajo una luz diferente. Se familiarizará con esa parte inocente y vulnerable de usted mismo que necesita ser amada. Simpatizará con ella y le dará el amor y la compasión que siempre ha anhelado. Cuando acepte a su niño interior como parte de usted, experimentará el verdadero amor propio.

Síntomas del descubrimiento del niño interior

Al iniciar su viaje de autodescubrimiento, debe estar preparado para cualquier cosa. Al acceder a esta parte de su personalidad, experimentará una amplia gama de emociones; algunas son positivas, mientras que otras son negativas. Aproveche todas las emociones positivas y deje que sean una fuerza que le impulse a sanar, crecer y disfrutar de la vida. Las emociones negativas le darán una idea de las heridas y traumas que ha sufrido todo este tiempo para que pueda trabajar en sus problemas y finalmente sanar.

Emociones positivas

- Creatividad.
- Alegría.
- Diversión.
- Ganas de divertirse.
- Actitud desenfadada.
- Sentirse menos insensible y desconectado emocionalmente.

Emociones negativas

- Tomar conciencia de recuerdos y emociones reprimidas.
- Traumas infantiles.
- Dolor y miedo.

Desafíos de descubrir su alma herida

No espere que este viaje de autodescubrimiento sea un camino de rosas; habrá algunos retos en el camino para los que debe estar preparado. Conectar con su niño interior puede ser difícil si ha sufrido experiencias traumáticas durante su infancia. Se enfrentará a recuerdos y emociones reprimidos que no quiere volver a ver. Recordar cosas que ha luchado mucho por olvidar o reprimir puede desanimarle de continuar en este viaje. Enfrentarse a estos recuerdos puede ser un reto, por lo que muchos prefieren ignorar a su niño interior antes que sacar a la luz sus traumas. También es posible que se avergüence de tener un niño interior asustado y vulnerable. Sin embargo, no está solo; todos tenemos un niño interior. La única diferencia es que algunos son felices y están satisfechos, mientras que otros están traumatizados y luchan.

Muchas personas se enfrentan a estos retos, y es bastante normal. El dolor y el miedo que experimentan tras verse expuestos a emociones y recuerdos que han intentado evitar durante mucho tiempo puede ser emocional y mentalmente agotador. Como resultado, abandonan, dejando herido a su niño interior y buscando adormecer el dolor con mecanismos poco saludables como el alcohol o las drogas.

Nadie dijo que sanarse fuera fácil, pero vale la pena. Descubrir que hay una parte de usted que está traumatizada puede ser impactante y difícil de afrontar. Sin embargo, debe dejar que este dolor lo motive a tomar a su niño interior de la mano y ayudarle a seguir adelante y a crecer. Una vez que lo haga, podrá liberarse del dolor del pasado. Es un camino largo y duro que empieza con un paso vital: descubrir su alma herida.

Guía para descubrir a su niño interior

En esta parte del capítulo, le proporcionamos una sencilla guía para descubrir su alma interior herida. Llegar a su niño interior no es fácil. Tiene sus dificultades y puede llevar un tiempo. No debe preocuparse ni rendirse; al final, llegará y descubrirá sus secretos.

Abra su mente

Antes de embarcarse en su viaje de autodescubrimiento, debe abrirse a la idea de que puede albergar un niño interior. Tener dudas es normal al principio, pero debe considerar a su niño interior como una parte de usted, no como algo separado. En pocas palabras, cambie de perspectiva. No está descubriendo a su «niño interior» exactamente, está descubriendo sus relaciones y experiencias pasadas. No creer en la idea de un niño interior o en el poder de conectar con él puede crear una barrera que le impida descubrirlo.

Soñar despierto

Siéntese a solas en una habitación tranquila, cierre los ojos y deje que su mente viaje a su infancia. Piense en lo sencillas que eran las cosas entonces, sin responsabilidades, corriendo libremente y siendo espontáneo y tonto. No le importaba el dinero; las cosas más sencillas le hacían feliz. Se reía hasta que le dolía el estómago y la palabra «estrés» ni siquiera tenía significado para usted. Ahora, abra los ojos y escriba todo lo que vio y sintió. ¿Le evocaba emociones felices y alegres? ¿O fue su infancia tan traumática que evocó dolor y miedo? Escríbalo todo, incluyendo lo que le hacía feliz de niño y lo que le causaba más dolor y sufrimiento.

Haga cosas que le gustaban de niño

Trate a su niño interior como a alguien a quien quiere conocer. Intente averiguar qué le gustaba para conectar con él y acercarse. ¿Cómo puede conocer las aficiones de su niño interior? Piense en las cosas que le gustaban de niño, como montar en bicicleta, nadar en la piscina con sus mejores amigos, patinar, bailar o pasar el día en la biblioteca. Hiciera lo que hiciera de niño, lo hacía con un único propósito: divertirse. No tenía responsabilidades y hacía las cosas porque quería, no porque tenía que hacerlas.

Haga las cosas que disfrutaba de niño
https://www.pexels.com/photo/photograph-of-two-girls-on-a-swing-1814433/

¿Cuándo fue la última vez que hizo algo solo por diversión? Es el momento perfecto para hacer algo que le haga feliz. Vuelva a la época en que la vida era sencilla, sin estrés, y su única preocupación era divertirse. Intente hacer algo creativo como colorear, garabatear, pintar o jugar a su videojuego favorito de la infancia. Estas actividades le relajarán, desconectarán su mente y despertarán emociones que quizá haya olvidado. Algunas de estas emociones o recuerdos pueden manifestarse en sus dibujos o garabatos.

Busque la ayuda de un niño

Como adulto, puede que le cueste ver las cosas desde la perspectiva de un niño. Muchos de nosotros hemos olvidado cómo tener una actitud infantil. Buscar la ayuda de un niño, como su hijo, hija, sobrinos o sobrinas, puede ser muy útil. De hecho, hay muchas cosas que podemos aprender de los niños. Pase algún tiempo con los niños de su familia y diviértanse jugando cosas como la escondida o la mancha. Estos juegos le ayudarán a liberarse de las limitaciones de la edad adulta mientras corretea sintiéndose libre y divirtiéndose. Ver sus dibujos animados favoritos de cuando era niño o leer su libro favorito de la infancia también puede traerle recuerdos y emociones positivas.

También puede jugar a imaginar cosas, como que es Darth Vader y corre persiguiendo a los niños. Los escenarios imaginarios pueden devolverle sus fantasías y sueños infantiles. Sin embargo, este juego no siempre despierta emociones y recuerdos reconfortantes. Si sufrió un trauma de niño y utilizó la imaginación como mecanismo de supervivencia para escapar de la dura realidad, es posible que se encuentre recordando esos momentos.

Inicie un diálogo con su niño interior

Mantener una conversación con alguien puede enseñarnos mucho sobre esa persona. Lo mismo puede aplicarse a su niño interior. No es que deba empezar a hablar consigo mismo (aunque si cree que le ayudará, hágalo), pero puede hablar con su niño interior a través de un diario. Por ejemplo, si vivió un acontecimiento traumático de niño, escribir sobre ello puede ayudarle a ponerse en contacto con su niño interior. Puede escribirse una carta a sí mismo o explorar algunos de sus recuerdos y escribir sobre ellos en su diario. Mientras escribe, piense en un recuerdo concreto y escriba todo lo que se le venga a la mente, no se contenga. También puede hacer preguntas a su niño interior y anotar las respuestas. Reconocer a su niño interior en este preciso momento, abrazar la idea sin dudas y escuchar lo que intenta decirle es crucial para que esto funcione.

Mire hacia dentro, reflexione sobre usted mismo e intente acceder a todas sus emociones y recuerdos enterrados para comunicarse con su alma herida. A través de la escritura no solo aprenderá mucho sobre su niño interior, sino que también establecerá un vínculo con él.

Viaje a través de los recuerdos

Su niño interior sigue atrapado en el pasado, así que debería hacer un viaje al pasado para conectar con él. Puede revivir recuerdos de varias formas, como mirando fotos antiguas, leyendo su diario de la infancia o mirando cosas de su niñez, como sus juguetes. También se sabe que los olores ayudan a evocar recuerdos, así que intente oler un antiguo perfume o desodorante. Por ejemplo, si percibe el aroma de su plato favorito, recordará todas las veces que lo hacía su abuela y todos los dulces recuerdos que compartieron. También puede pedir a sus amigos de la infancia, hermanos, padres u otros familiares que compartan con usted historias de su niñez. Estas historias pueden evocar recuerdos y emociones dulces, agridulces o dolorosas.

Busque la ayuda de un terapeuta

Este proceso no es fácil y es posible que se encuentre con algunas dificultades en el camino. En algunos casos, descubrir a su niño interior puede desencadenar recuerdos y emociones dolorosas. Por eso, buscar la ayuda de un profesional puede ser lo que necesita para encontrar a su niño interior. Un terapeuta le acompañará en el proceso de descubrir su alma herida y le dará consejos y orientación para ayudarle a superar recuerdos traumáticos. También puede ayudarle a descubrir recuerdos y emociones reprimidas que había enterrado profundamente porque no quería afrontar. Asegúrese de encontrar un terapeuta que tenga experiencia en trabajar con el niño interior.

Cuestionario

Le recomendamos que trabaje los pasos mencionados durante algún tiempo antes de realizar este cuestionario.

¿He descubierto a mi niño interior?

A continuación, le proporcionamos una lista de preguntas de sí o no, y sus respuestas determinarán si ha descubierto a su niño interior o no. Piense bien y tómese su tiempo con cada pregunta.

1. ¿Se siente más creativo que antes?
   - o Sí
   - o No

2. ¿Se siente más juguetón y con ganas de divertirse?
   - o Sí
   - o No

3. ¿Se siente más en contacto con emociones infantiles como la alegría y la actitud despreocupada o la rabia y las pataletas?
   - o Sí
   - o No

4. ¿Siente el deseo de practicar alguna actividad o jugar a algún juego de su infancia?
   - o Sí
   - o No

5. ¿Se siente menos insensible emocionalmente que antes?
    - ○ Sí
    - ○ No
6. ¿Ha descubierto recientemente un trauma de la infancia o un recuerdo doloroso en el que no había pensado en años?
    - ○ Sí
    - ○ No
7. ¿Han empezado a resurgir emociones reprimidas?
    - ○ Sí
    - ○ No
8. ¿Determinadas imágenes u olores le traen recuerdos de su infancia (buenos o malos)?
    - ○ Sí
    - ○ No
9. ¿Sueña despierto a menudo con su infancia?
    - ○ Sí
    - ○ No
10. ¿Le gusta pasar tiempo con niños?
    - ○ Sí
    - ○ No
11. ¿Llevar un diario le ayuda a descubrir cosas sobre sí mismo?
    - ○ Sí
    - ○ No

Lo ideal sería que respondiera «sí» a todas o a la mayoría de estas preguntas. Si la mayoría de sus respuestas son «no», entonces todavía necesita trabajar en usted mismo para descubrir a su niño interior.

No se desanime si aún no ha descubierto su alma herida. Se trata de un proceso largo y lleva tiempo y esfuerzo llegar a término. También puede ser una experiencia traumática para algunas personas, lo que puede prolongar el proceso.

El camino hacia la sanación comienza con un solo paso, descubrir a su niño interior para conectar con él. Es un camino que puede estar lleno de desafíos para algunas personas. Su niño interior le necesita y le ha estado llamando a través de acciones y emociones infantiles. Lo ha ignorado durante mucho tiempo. Es hora de actuar y prestarle la atención que necesita.

Descubrir a su niño interior le ayudará a aprender sobre usted mismo y, finalmente, a aceptar el hecho de que forma parte de lo que es. Su alma herida es parte de su viaje, un capítulo importante de su historia que no puede simplemente ignorar o saltarse.

Capítulo 4: Aceptar a su niño interior

«Sí, te siento, sé que está aquí y te acepto».

Todos queremos ser amados, abrazados y aceptados por lo que somos. El niño interior no es diferente: también anhela ser aceptado. Nadie puede negar la importancia de la autoaceptación y su papel a la hora de aumentar la autoestima y procurar una vida sana y plena. Todos queremos ser felices; es el objetivo que la mayoría perseguimos y tenemos en común. Aceptar a su niño interior le reconectará con esa parte de usted que ha estado ignorando durante tanto tiempo. Aprenderá a conocerla, comprenderá su dolor y, con el tiempo, llegará a quererla y aceptarla. Todo lo que experimentó de niño -incluso los traumas- forma parte de usted e influye en la persona en la que se ha convertido. Luchar contra su dolor solo hará que este crezca. En cambio, una vez que lo acepta como parte de su viaje, le quita poder y empieza a ver a su niño interior como alguien vulnerable, asustado y que quiere que lo abracen.

Es importante abrazar a su niño interior
https://www.pexels.com/photo/a-woman-in-knit-sweater-hugging-self-5709914/

En la edad adulta, la gente suele pensar que lo sabe todo sobre sí misma y sobre el mundo que le rodea. ¿Y si le dijéramos que no solo no lo tiene todo claro, sino que además debe desaprender algunos de los hábitos que ha adquirido a lo largo de los años? Abrazar a su niño interior es una oportunidad de desaprender los malos hábitos y rasgos de personalidad que resultaron de sus traumas.

Al crecer privado de amor y creyendo que no es lo suficientemente bueno, el niño interior empieza a buscar la perfección y cree que, si no es perfecto, no es digno de amor. La perfección es una ilusión; cuanto más la persiga, más frustrado se sentirá. Al final, despreciará esta parte de sí mismo. En cambio, cuando escuche, acepte y alimente a su niño interior, comprenderá que solo quiere protegerle. Por lo tanto, dejará de desconfiar y empezará a querer y a simpatizar con ese niño interior vulnerable que no conoce nada mejor.

Aceptar a su niño interior es como la frase lo indica: aceptar plenamente a su niño interior como parte de su pasado, presente y futuro, y el papel que tiene en la formación de su personalidad adulta. Lo acepta sin juzgarlo ni avergonzarse y lo abraza con todos sus traumas y su dolor. La aceptación es el regalo más valioso que puede hacer a alguien, así que imagine darse eso a usted mismo. Es otro paso vital que debe dar para curar a su niño interior, dejar atrás el pasado y avanzar hacia un futuro más brillante y feliz.

Dicho esto, no puede aceptar a su niño interior antes de haberlo descubierto por completo y de verdad. ¿Cómo puede aceptar algo que no ha encontrado? Como se mencionó en el capítulo anterior, descubrir a su niño interior es el primer paso antes de comenzar su sanación. Una vez que lo encuentre y comprenda que su dolor, miedo, alegría y traumas forman parte de lo que es, podrá empezar a aceptarlo y abrazarlo. Su niño interior es usted; es un hecho que nunca debe negar o combatir y del que nunca debe avergonzarse.

La importancia de aceptar su alma herida

Si no puede aceptar su alma herida, ¿cómo podrá sanar? No puede vivir luchando con una parte de usted mismo o avergonzado de ella. Reconózcala y acéptela para hacerse más fuerte y dejar atrás el pasado. Aceptar su alma herida le ayudará a ser una persona más feliz e indulgente, no solo con usted mismo, sino también con los demás.

En su interior se encuentran todas las respuestas que busca. Solo tiene que reflexionar sobre usted mismo para encontrar lo que busca. No puede seguir ignorando su alma herida. Lleva toda la vida enviándole mensajes a través de la ansiedad, la autocrítica e incluso la depresión. Una vez que acepte plenamente a su niño interior, podrá comprender por fin el significado que hay detrás de esos mensajes. Hay una razón detrás de la ansiedad, hay una razón por la que quiere complacer a la gente y le cuesta decir que no, y hay una razón por la que ha tenido problemas de pareja toda su vida. Su infancia traumática es la causa de muchos de los problemas de su vida adulta. Abrazar a su niño interior significa que comprende que puede ser la causa de muchos de los problemas que tiene ahora. Estar dispuesto a buscar soluciones para ayudarse en lugar de evadir o rechazar las dificultades.

Aceptar su alma herida significa que está dispuesto a sanar y que está dando los pasos necesarios para recuperarse de sus experiencias pasadas. Su niño interior es un alma sensible e inocente; abrazarla significa aprovechar su lado positivo con todas sus maravillosas cualidades. Le recordará que debe amarse, perdonarse y ser sincero con usted mismo y con el mundo que le rodea.

Perdón

Los niños no guardan rencor. ¿Recuerda cuando era niño y se peleaba con su mejor amigo o con sus hermanos? ¿Les guardaba rencor? Los niños superan las peleas rápidamente y vuelven a jugar entre ellos como si nada hubiera pasado. Cuando acepta a su niño interior, acepta cada parte de él, incluida la capacidad de perdonar. Aceptar a su niño interior le ayuda a ver si es víctima de una mala infancia o de malas circunstancias. Como resultado, aprenderá a ser más amable con usted mismo y a perdonarse los errores que haya cometido cuando su alma herida se apodera de usted.

Honestidad

¿Quién es más honesto que un niño? A veces, pueden ser brutalmente honestos. Dicen lo que piensan sin miedo a ser juzgados. A diferencia de nosotros, no evaden o distraen la verdad. ¿Cuándo fue la última vez que dijo lo que pensaba sin preocuparse de que los demás le juzgaran? ¿A veces se resiste a decir la verdad? Abrazar a su niño interior le ayudará a abordar sus relaciones y su vida con una actitud honesta. Comprender y aceptar que una parte de usted ha sido herida le abrirá los ojos y le animará a ser más honesto con usted mismo sobre sus propósitos y a entender que la sanación es más una necesidad que una opción.

Cómo aceptar a su niño interior

Hablemos ahora de los métodos que le ayudarán a aceptar su alma herida. Nunca se insistirá lo suficiente en la importancia de aceptar esta parte de cada uno. De hecho, es un paso esencial en el proceso de sanación.

1. Cuide de su niño interior

Todo niño necesita una madre que lo nutra y lo cuide. Abrace a su niño interior dándole el amor maternal y el afecto que siempre ha anhelado. No todos los niños crecen en un hogar cariñoso con padres afectuosos. Hay padres narcisistas o inmaduros que son incapaces de querer a sus hijos. Incluso los mejores padres tienen momentos en los que estaban demasiado ocupados, perdían la paciencia o gritaban a sus hijos. Nunca quisieron hacerles daño, pero son humanos y a veces cometen errores. Sin embargo, el niño no lo ve de esta manera y esas experiencias pueden acompañarlo para siempre.

Un adulto que no ha sido amado o que todavía se está recuperando de ciertos problemas de la infancia siempre es duro consigo mismo cuando comete un error. Se vuelve autocrítico, se siente culpable o se menosprecia. Imagine que tratara a un niño de la misma manera cada vez que comete un error. ¿Puede mirar a un niño inocente a los ojos y menospreciarlo por hacer algo mal? ¿Cómo afectaría esto a su salud mental y a su bienestar? Su niño interior, como ya se ha dicho, es su parte más infantil y debe tratarlo como tal. Para aceptarla y abrazarla, observe sus pensamientos cada vez que cometa un error. En lugar de la negatividad, críe y alimente a su niño interior consolándolo. Su alma herida está asustada y necesita que la tranquilicen. Siendo amable y cariñoso con esta parte vulnerable de usted mismo es como demuestra que la ha aceptado plenamente.

2. Alcance los sueños de su niño interior

Piense en un sueño que quiera alcanzar cuando sea mayor. La imaginación de los niños no tiene límites; creen que pueden hacer y conseguir cualquier cosa. Sin embargo, a medida que crecemos, empezamos a tener sueños más realistas o prácticos. Algunas personas disuaden a los demás de seguir sus sueños y les dicen que busquen caminos más estables. Con la edad nos olvidamos de estos sueños, pero el niño interior sigue recordando cada sueño que hemos tenido.

Para aceptar plenamente esta parte de su personalidad, puede cumplir uno o varios de sus sueños infantiles. No debe dejar su trabajo o sus responsabilidades. Puede cumplir su sueño sin poner en peligro su carrera. Por ejemplo, si siempre ha querido ser artista, puede tomar clases de arte; o si ha querido ser escritor, puede tomar clases de escritura creativa. Crea en usted mismo y demuéstrele a su niño interior que sigue creyendo que todo es posible.

3. Jugar o bailar

En el capítulo anterior se ha mencionado cómo jugar con los niños, hacer algo creativo que le gustaba de pequeño o simplemente bailar puede ayudarle a descubrir a su niño interior. Estas divertidas actividades infantiles también pueden ayudarle a aceptar su alma herida. Hacer cosas con las que disfruta su niño interior es una forma estupenda de mostrarse a usted mismo que acepta y abraza esta parte de usted. Así que dibuje, pinte, juegue, ponga algo de música y baile como si nadie le estuviera viendo o váyase al karaoke con sus amigos y cante a todo pulmón. Aunque tenga mala voz, no tenga miedo de hacer el ridículo.

4. Escuche a su niño interior

¿Cómo puede aceptar su alma herida si no la escucha activamente? Ya se ha hablado antes de cómo su niño interior se comunica con usted a través de emociones fuertes derivadas de situaciones detonantes. En lugar de descartar estas emociones, examínelas más de cerca para entender por qué se han producido.

Por ejemplo, usted y su mejor amigo tenían una cita, pero él la canceló en el último momento. En lugar de comprender que todos tenemos responsabilidades y que pueden surgir cosas, usted se siente rechazado. Se comporta como un niño y se niega a responder las llamadas o mensajes de su amigo. Cuando se tranquiliza y ve los mensajes, se da cuenta de que su pareja ha tenido un accidente y por eso ha tenido que cancelarle la cita. Ahora se siente fatal por haber reaccionado como un «niño» y se siente frustrado y enfadado con usted mismo.

Esta rabieta es su alma herida comunicándole su dolor. Para mostrar aceptación a su niño interior, escuche lo que intenta decirle. Comprenda por qué ha actuado así. ¿Por qué se sintió rechazado cuando su amigo canceló? Quizá sus padres siempre estaban ocupados y tenían que cancelar planes o nunca aparecían en sus partidos de fútbol o recitales de ballet. Escuchar las emociones de su niño interior y ver la situación desde su perspectiva es un gran paso para aceptar esta parte de usted mismo en lugar de sentirse culpable o rechazar estos sentimientos.

5. Identifique a su niño interior

En un capítulo anterior, hablamos de los arquetipos del niño interior y de cómo identificar el suyo. Identificar a su niño interior le ayudará a aceptarlo por lo que es sin intentar cambiarlo.

6. Tome en serio a su niño interior

Puede que piense que lo que siente su niño interior es irrelevante para usted. Tener rabietas, sentirse rechazado o querer jugar pueden parecer necesidades infantiles para un adulto. Por eso, en lugar de prestarles atención, las ignora. Sin embargo, siempre hay una razón detrás de sus necesidades infantiles, y proviene de algo más profundo. Así que tome en serio a su niño interior y satisfaga sus necesidades.

7. Sea amable con su niño interior

Su niño interior está herido, roto, asustado y busca aceptación. La mayoría de las almas heridas solo quieren saber que alguien las cuida. Nadie más que usted puede salvar a su niño interior. Recuérdele de vez en cuando a su alma herida y rota que la quiere. Cada vez que se mire al espejo, dígase a sí mismo «te quiero».

Si tuvo una infancia traumática o sufrió abusos o abandono, su niño interior probablemente crea que fue culpa suya. Ahora que ha crecido y se ha dado cuenta de que no fue su culpa, dígaselo también a él. Dígale que no se merecía esa infancia, que merecía que le quisieran y le cuidaran.

Discúlpese con su niño interior por haberse comportado como un niño. Ser duro con usted mismo, autocrítico, o ponerse en último lugar son cosas que todavía hieren a su niño interior. Dígale a su alma herida que lo siente y protéjala de más dolor.

Se ha mencionado en capítulos anteriores que su niño interior está impulsado por el miedo y solo quiere protegerle. Aunque haya retenido y almacenado recuerdos dolorosos, debe agradecerle que esté ahí para usted y que intente protegerle de más dolor. Hágale saber que no le está juzgando y que quiere darle las gracias por intentarlo.

Aceptar a su niño interior no es solo decir: «Te acepto». Es decirle todo lo que necesita oír para sanar.

8. Proteja a su niño interior

Antes se ha mencionado que debe tratar a su niño interior como una madre que protege a su bebé y no deja que nadie le haga daño. Su niño interior es su bebé y parte de aceptarlo es reconocer constantemente su existencia. Esto se hace comprobando que está bien y manteniéndolo alejado de situaciones dañinas. Su niño interior aún no se ha sanado, así que muéstrele amabilidad y respete sus necesidades. Es comprensible que quiera desprenderse de sus miedos y no dejarse frenar por ellos. Sin embargo, su niño interior puede tener ciertas inseguridades o miedos, así que trátelo con más sensibilidad. Por ejemplo, evite lugares como ascensores si teme a los espacios cerrados y es un miedo que empezó en su infancia. Si tiene un amigo o familiar tóxico que aumenta su ansiedad, evítelo todo lo que pueda y limite la comunicación con él. Proteja a su niño interior como protege a su hijo real o a su mascota.

La aceptación del niño interior y el crecimiento espiritual

Aceptar a su niño interior es un proceso de crecimiento espiritual. Es un largo camino que requiere tiempo y esfuerzo. No consiste simplemente en decirse a sí mismo: «Acepto a mi niño interior», y seguir adelante. debe trabajar para abrazar y aceptar esta parte de usted diariamente. Es la única manera de experimentar el crecimiento espiritual y la sanación. Tómese su tiempo en este proceso y escuche las necesidades de su alma herida, tómeselas en serio y protéjala ferozmente, como haría una madre.

Como ya se ha dicho, aceptar a su niño interior es el paso más importante hacia la sanación. A través de él, experimentará un crecimiento real. Hágale saber que lo acepta y que dejará de ignorarlo, silenciarlo o luchar contra él. Esta es la decisión más importante que tomará para acelerar su sanación. No solo reconoce a su niño interior, sino que lo acepta plenamente, lo abraza y lo trata con la compasión que se merece. Comprenderá que cuando su niño interior sane, usted también sanará y experimentará el crecimiento espiritual.

Cuestionario

¿Ha aceptado plenamente a su niño interior? Haga este test para averiguarlo.

1. ¿Ha reconocido a su niño interior?
    - Sí
    - No
2. ¿Ha hecho las paces con la idea de tener un niño interior traumatizado?
    - Sí
    - No
3. ¿Se siente orgulloso de su niño interior por haber aguantado tanto?
    - Sí
    - No
4. ¿Ama a su niño interior?
    - Sí
    - No
5. ¿Se siente agradecido por todo lo que su niño interior hizo para protegerlo?
    - Sí
    - No
6. ¿Cree que su infancia traumática estuvo fuera de su control y no fue culpa suya?
    - Sí
    - No
7. ¿Siente la necesidad de disculparse con su niño interior por todo lo que tuvo que soportar?
    - Sí
    - No

8. ¿Cree que su niño interior merecía una infancia mejor?
    - Sí
    - No
9. ¿Se toma en serio las necesidades de su niño interior?
    - Sí
    - No
10. ¿Juega o realiza otras actividades divertidas de su infancia?
    - Sí
    - No
11. ¿Es consciente de su arquetipo de niño interior?
    - Sí
    - No
12. ¿Ha intentado realizar alguno de sus sueños de la infancia recientemente?
    - Sí
    - No
13. ¿Cree que tiene un niño interior?
    - Sí
    - No
14. ¿Cree que su niño interior es una parte de usted y necesita sanación?
    - Sí
    - No
15. ¿Acepta tener un niño interior traumatizado?
    - Sí
    - No

Si responde a la mayoría de estas preguntas con un «sí», entonces ha aceptado plenamente a su niño interior. En cambio, si la mayoría de las respuestas son negativas, todavía necesita tiempo y esfuerzo, pero lo conseguirá.

Aceptar a su niño interior es su forma de decirle a su pasado «no más». Ahora está tomando el control de su trauma y, en lugar de dejar que le derrote, trabajará en usted mismo para vencerlo y comenzar su viaje de sanación. Recuerde que no solo se está curando de su pasado, sino que también se está protegiendo de traumas actuales o futuros. Acepte a su niño interior, quiéralo, cuídelo y protéjalo del dolor. Cuando esté curado, será él quien cuide de usted y le ayude a crecer.

Capítulo 5: Meditación del niño interior

Cuando siga los consejos de los capítulos anteriores, descubra con éxito a su niño interior y lo acepte por lo que es, verá que tiene mucho que decir. Sin embargo, al haberlo enterrado durante tanto tiempo, puede que no sea capaz de comunicarse con su niño interior justo después de reconocer su existencia. Este capítulo está dedicado a una de las técnicas más sencillas que pueden ayudarle a establecer una conexión significativa con su yo interior: la meditación. Conocerá el impacto que tiene la práctica de la meditación en la sanación del alma herida y en el mantenimiento de su salud mental, espiritual y física. Después de todo, estas tres áreas de la vida son esenciales para la salud y la felicidad de su niño interior, y la meditación ayuda a mejorarlas todas. También se proporciona una técnica de meditación para principiantes que puede practicar en cualquier momento que necesite comunicarse con su niño interior o sanarse a sí mismo.

La meditación desempeña un papel importante en la sanación de su niño interior
https://pixabay.com/es/photos/yoga-mujer-lago-al-aire-libre-2176668/

Meditación para sanar un alma herida

El primer paso para sanar a su niño interior y a su alma desde dentro es escuchar lo que dicen. Esto puede ser un reto, ya que puede tener problemas para interpretar sus mensajes, o simplemente no le gusta lo que están diciendo Los sentimientos que transmite su niño interior pueden desencadenar emociones fuertes y malestar, que solo podrá procesar con las herramientas adecuadas. No solo eso, sino que sentimientos hirientes como la rabia, la inseguridad, la vulnerabilidad, la ansiedad, la culpa, la vergüenza o la sensación de abandono y rechazo a menudo pueden remontarse a recuerdos concretos de su propia infancia. Los sentimientos de su niño interior no son más que el reflejo de estos acontecimientos, pero su malestar suele desencadenar respuestas negativas en su vida actual. La meditación es un ejercicio de inmersión. Le permite sumergirse en las profundidades de su alma y le revela los orígenes de los pensamientos negativos que tiene. La raíz de su desequilibrio espiritual está en la incapacidad de su niño interior para procesar el dolor y las heridas del pasado y la práctica meditativa puede ayudarle a superar esas experiencias traumáticas. Para entender cómo hacer esto, primero debe saber qué es la meditación y cómo funciona.

¿Qué es la meditación?

La meditación abarca una serie de técnicas diseñadas para mirar más allá de los pensamientos y emociones conscientes y descubrir lo que hay en la mente inconsciente. Al enfocar la mente en sus profundidades, la meditación fomenta la creación de una poderosa conexión con el ser interior, lo que permite experimentar la vida con mayor profundidad. A menudo, la meditación consiste en entrenar la mente y el cuerpo para mantener los pies en la tierra y abrirse a cualquier experiencia del momento presente.

Meditación y atención plena

Aunque la meditación también se considera una forma de atención plena, no todos los ejercicios de atención plena son tan reflexivos como la meditación. La atención plena lo trae al presente, que es el primer paso para conectar con su niño interior y sanarlo. En cambio la meditación es necesaria para superar procesos mentales conscientes y ver realmente lo que experimenta el niño que lleva dentro. En consecuencia, si quiere sanar a su niño interior, debe combinar estas dos prácticas.

Afortunadamente, la meditación consciente es una de las formas más sencillas de meditación. Puede realizarla en cualquier momento y lugar. Solo debe encontrar un lugar donde pueda concentrarse en sus pensamientos, sentimientos y acciones tal y como los experimenta en el presente. Debe evitar que el pasado o el futuro nublen su percepción y no debe permitir que ningún juicio o idea preconcebida le influya durante el proceso. Una meditación consciente centrada en sanarle desde dentro hace que su niño interior se centre en usted, relajando su cuerpo y permitiendo que su mente cree una imagen mental específica. Como tiene que enfocarse en visualizar al niño que representa sus emociones más profundas, se ve obligado a permanecer en el presente.

Beneficios de la meditación para sanar el alma herida

Como ya se ha establecido anteriormente en este libro, su niño interior es el reflejo de su alma, un reflejo lleno de alegría y felicidad en su estado natural. Cualquier negatividad que experimenta su niño interior representa su incapacidad para procesar traumas emocionales. La meditación puede ayudarle a restaurar el estado dichoso de su alma haciéndole consciente de todo el dolor que hay en su interior. Cuando no es consciente de su alma, solo puede centrarse en su cuerpo y su mente y en el dolor que hay en su interior. Además, los desequilibrios espirituales a menudo se manifiestan como síntomas físicos y mentales, incluyendo dolor y problemas cognitivos. Al eliminar solo la causa inmediata de los síntomas, solo los está disminuyendo, pero su verdadera fuente permanece y eventualmente hará que regresen. No puede comprender por qué ocurre esto y sigue buscando respuestas cuando, de hecho, las respuestas están ahí mismo, dentro de su niño interior.

Los distintos ejercicios de meditación pueden lograr relajación física, claridad mental, conexiones espirituales y tranquilidad emocional. Todo ello tiene un impacto positivo en la sanación de su alma herida y en la formación de un vínculo sólido con su niño interior.

He aquí los principales beneficios de las meditaciones del niño interior:

- **Mayor conciencia espiritual:** Al estar quieto, solo y retirar la atención de su entorno, su atención se desplaza a todo lo que experimenta su alma. Este nivel superior de conciencia espiritual le permite encontrar respuestas incluso a las preguntas más inquietantes. Se da cuenta de que tiene el don de sanar su alma y procede a hacerlo durante sus sesiones.

- **Aumento de la tolerancia al dolor:** Al principio, cuando relaje su mente su cuerpo se hará consciente de todo el dolor y las molestias que pueda sentir. Sin embargo, a medida que aprenda a dejarlos de lado, su sistema nervioso empezará a enviar menos estímulos de dolor a su cerebro con cada sesión. Y puesto que el dolor físico puede ser tanto la causa como el síntoma de un alma herida, reducirlo le elevará el ánimo.

- **Reducción de los niveles de estrés:** Cuando relaja su cuerpo y su mente, su cerebro reduce sus niveles de cortisol en sangre. Esta hormona causa efectos prolongados del estrés, como ansiedad, depresión, falta de sueño, deterioro de las funciones cognitivas y toda una serie de emociones negativas que afectan al espíritu. Eliminarlo del torrente sanguíneo significa una mejor salud física, mental y espiritual. Al mismo tiempo, aumentan los niveles del neurotransmisor inhibidor GABA (ácido gamma-aminobutírico) en el sistema nervioso. Esto hace que todos los neurotransmisores que inducen el estrés dejen de funcionar, lo que tiene el mismo efecto que reducir los niveles de cortisol.

- **Mejora del estado de ánimo:** Después de cada una de sus sesiones, los niveles de otra hormona, la serotonina, también empezarán a aumentar. La serotonina se conoce a menudo como la hormona del bienestar, porque provoca una sensación general de bienestar. Sus efectos son duraderos y abarcan múltiples planos de la vida. Esta hormona le anima a explorar las emociones negativas y le hace sentir mejor. No importa lo difícil que sea afrontarlas, podrá hacerlo porque también está lleno de emociones positivas y alentadoras.

- **Refuerzo instantáneo de la felicidad:** La mediación también favorece la producción de endorfinas, que, al igual que la serotonina, provocan una mejora significativa del estado de ánimo. Y aunque sus efectos eufóricos no duran tanto como los de la serotonina, las endorfinas pueden dar un impulso instantáneo cuando lo necesita. Al recibir una gran dosis de endorfinas cuando se comunica con su niño interior, puede enviarle más emociones positivas y curarlo más rápido.

- **Mayores niveles de melatonina:** Enfocar su mente durante la sesión le enseñará a eliminar las distracciones que dificultan la capacidad de su cuerpo para producir la hormona melatonina. Puede triplicar sus niveles de melatonina en solo unas semanas meditando un par de minutos al día. Como resultado, tendrá un sueño mucho mejor, un sistema inmunológico robusto y la capacidad de prevenir muchas enfermedades conocidas por causar traumas espirituales profundos.

- **Eliminación de otras sustancias endocrinas:** La meditación equilibra los niveles de insulina y glucagón, las dos hormonas responsables de regular los niveles de azúcar en la sangre. Al mantener sus niveles de glucosa en un rango normal, su cuerpo recibe menos estrés, lo que significa que habrá menos causas para que su ánimo esté bajo. Las prácticas meditativas también aumentan los niveles de hormona del crecimiento. Esta sustancia química endocrina es responsable de mantener las funciones adecuadas de prácticamente todas las células del cuerpo. Producirla en mayor cantidad significa una mayor capacidad para prevenir causas físicas y mentales de desequilibrio espiritual.

- **Mayor capacidad para expresar emociones:** Si experimenta sentimientos tanto positivos como negativos, será capaz de transmitirlos de forma sana tras unas pocas sesiones. Cuando empiece a expresar sus emociones, notará los efectos positivos de esto en sus relaciones. Conduce a la producción de las hormonas que mejoran el estado de ánimo (de las que se ha hablado anteriormente), potenciando su influencia positiva en el bienestar espiritual.

- **Mayor nivel de autoaceptación:** Al concentrarse en dar todo el amor posible a su niño interior, esencialmente está aprendiendo a amarse y aceptarse a usted mismo. La mediación es una increíble fuente de alimento para su alma y un refuerzo de confianza sin igual que conlleva los beneficios espirituales de tener altos niveles de confianza.

- **Prioridades más sanas:** Un estado de conciencia más elevado puede ayudarle a reorganizar sus prioridades, colocando la sanación de su alma en lo más alto de la lista. La meditación estimula el córtex prefrontal, la parte del cerebro responsable del razonamiento lógico y los pensamientos sobre sí mismo. Las prácticas también pueden mejorar la capacidad de su cerebro para resistirse a seguir a otros en acciones, pensamientos y emociones que no están alineados con lo que siente o quiere su niño interior.

Meditación del niño interior

La siguiente técnica de meditación está diseñada para ayudarle a reconectar con su niño interior y sanarlo a él y a usted mismo. Le permitirá ver si el niño que lleva dentro sigue aferrándose a recuerdos dolorosos, aunque no quiera. También le ayudará a comprender que detrás de ese dolor hay un niño que puede mostrarle lo que es realmente la felicidad. Con este ejercicio, aprenderá a amar incondicionalmente a su ser interior, a honrar sus deseos más profundos y a invitar la paz a su vida.

Estos son los pasos para este ejercicio:

- Empiece poniéndose en una posición cómoda. Puede estar de pie, sentado o incluso acostado, siempre que pueda relajar el cuerpo y la mente.

- Cierre los ojos, respire hondo, exhale lentamente y repita los pasos.
- Concéntrese en su respiración mientras sigue relajándose hasta que sienta que el ritmo surge de forma natural.
- Cuando por fin sienta que no tiene que concentrarse en la respiración, haga una pausa mental y cambie el enfoque para ver si su cuerpo está relajado.
- Compruebe si sus mejillas, mandíbula y hombros están relajados y si sus brazos y piernas están en una posición natural. Todo su cuerpo debe sentirse caliente y pesado, excepto la zona del estómago, que debe sentirse ligera.
- Haga otra pausa y empiece a visualizar a su niño interior. Tómese su tiempo para apreciar su aspecto, posición, expresiones y comportamiento.
- Ahora abra los demás sentidos e intente oír los sonidos que emite el niño, percibir los olores que le rodean o reconocer cualquier otro estímulo que reciba.
- Imagine que el niño sostiene una burbuja oscura en una de sus manos. Mire más de cerca la esfera oscura para ver los recuerdos que contiene.
- ¿Percibe miedo, dolor o tristeza en los recuerdos oscuros que aparecen como imágenes fijas o en movimiento? ¿O solo emociones variadas a causa del rechazo y la decepción?
- Intente persuadir al niño de que le diga de dónde proceden esas emociones. Lo más probable es que su niño interior haya creado elaboradas historias sobre esas emociones. Si escucha con atención, se dará cuenta de que esas historias resuenan en sus pensamientos.
- En su cuento, el niño puede decirle que no se siente digno o lo suficientemente bueno para importarle a alguien o para tener lo que quiere. También puede decirle que le han hecho daño y que ya no puede confiar en los demás.
- Aunque todas estas historias son completamente normales, si siente que interfieren en su vida, es el momento de cambiarlas. Puede empezar a hacerlo respirando profundamente y sintiendo cómo el aire recorre su cuerpo para limpiarlo.

- Libere las emociones exhalando profundamente y, una vez más, acérquese al niño. Abrácelo con pensamientos y sentimientos positivos hasta que vea que la esfera oscura de sus manos se disipa.

- Aunque no desaparezca por completo, dígale al niño que le acepta, aunque no pueda desprenderse de todo el dolor que siente. Dígale que puede acudir a usted con cualquier pensamiento o emoción problemática que tenga en el futuro.

- Ahora, haga otra pausa, durante la cual solo debe concentrarse en su respiración.

- Después, imagine al niño de nuevo, ahora con una esfera brillante en la otra mano. Esta burbuja está llena de recuerdos felices, amor, risas, sueños y deseos.

- Sienta la ligereza de estas emociones, tanto si aparecen como una imagen, una pequeña película o un simple sentimiento. Tómese su tiempo para empaparse de ellas y deje que se llenen de felicidad.

- Observe lo feliz que está el niño cuando mira la esfera. Observe lo brillante que es su sonrisa y deje que esa sonrisa se apodere también de usted.

- Invite más felicidad a su vida preguntando al niño por su juego, acontecimiento o recuerdo favorito.

- Vuelva a abrazar al niño para crear más recuerdos felices y sentir su amor hacia usted. Es tan poderoso como el que usted muestra hacia él.

- Cuando sienta que usted y su niño interior están en sintonía, deje que su imagen desaparezca, vuelva a centrar su atención en la respiración y vuelva a ser consciente del mundo que le rodea.

Consejos para meditar en el niño interior

Si no está familiarizado con la meditación y otras técnicas de atención plena, puede que la experiencia le resulte un tanto peculiar. Uno de los aspectos con los que puede tener dificultades al principio de su viaje es enfocar su mente el tiempo suficiente para que el ejercicio funcione. Afortunadamente, sea lo que sea lo que su niño interior quiera decirle, lo conseguirá en cuanto establezca la conexión. Así que, si no ha sido capaz de entender su mensaje en los primeros minutos, sentarse durante una hora a intentar descifrar lo que su niño interior ha dicho no le ayudará. Es mejor que se ponga en contacto con él en otro momento. Si está tratando un asunto urgente, puede intentar contactar con su niño interior más tarde ese mismo día, y si su consulta puede esperar, hágalo al día siguiente. El cerebro humano simplemente no puede concentrarse en el mismo tema durante horas, porque los efectos de las hormonas beneficiosas producidas durante la meditación no duran tanto. Puede empezar con dos o tres minutos cada vez e ir aumentando lentamente la duración del ejercicio a medida que mejore su capacidad de concentración. Con la práctica, podrá establecer una línea de comunicación abierta con su niño interior y, con su ayuda, podrá sanarse desde dentro.

Si quiere mejorar su capacidad para comunicarse con su niño interior, debe empezar por elegir el momento del día adecuado. Debido a la naturaleza del ritmo circadiano humano y a la tendencia del cerebro a procesar estímulos y acontecimientos durante el sueño, el mejor momento para meditar es temprano, por la mañana. Siempre que haya tenido una noche de sueño reparador, meditar justo después de despertarse significa trabajar con una mente relajada y descansada. Esto le permite centrar sus pensamientos sin las distracciones del día. Evite desayunar antes de meditar, ya que la misma digestión puede ser una distracción.

A pesar de los beneficios matutinos, puede consultar a su niño interior en cualquier momento del día. Por ejemplo, puede que sea incapaz de dormir debido a ideas perturbadoras sobre un acontecimiento. En este caso, incluso concentrarse en pensamientos diferentes sobre el tema durante unos minutos a la hora de acostarse puede darle la claridad que necesita para una noche tranquila.

Capítulo 6: Diario del niño interior

En este capítulo se habla del diario, otra técnica para descubrir patrones de su vida actual que tienen su origen en el pasado. Puede retroceder en el tiempo y explorar el dolor de su niño interior a través de un diario. Esta práctica es valiosa cuando se enfrenta a traumas profundamente arraigados que no puede o no quiere reconocer a través de un método diferente. Antes de empezar a registrar sus emociones, pensamientos y recuerdos en un diario, debe comprender lo que implica llevar un diario y los retos y beneficios que conlleva. Además de proporcionarle conocimientos sobre el diario del niño interior, este capítulo ofrece una sencilla guía para llevar un diario y algunos consejos sobre cómo aprovecharlo al máximo.

Llevar un diario es una técnica eficaz de sanación
https://pixabay.com/es/photos/computadora-port%c3%a1til-libro-cuero-420011/

¿Qué es un diario del alma herida?

En el proceso de llevar un diario se exploran pensamientos y emociones y se escribe sobre ellos y sus efectos. Tenerlos registrados en papel hace que sea más fácil recordarlos. Una vez escritos, todo lo que debe hacer es leerlos para analizar o recordar su significado en cualquier momento que sienta la necesidad. Sobre el papel, incluso las experiencias más confusas adquieren una perspectiva más clara. La capacidad de descubrir la perspectiva adecuada hace que llevar un diario sea una estrategia de confrontación muy eficaz y una poderosa herramienta para sanar a su niño interior. Llevar un diario a través de su niño interior le ayuda a ver cada acontecimiento de la forma en que lo experimenta el niño que lleva dentro. Esto le permitirá comprender cómo estas experiencias afectan a su salud espiritual.

Hay muchas formas de llevar un diario del niño interior, pero las más eficaces están orientadas a descubrir recuerdos concretos. Consisten en visualizarse a uno mismo de niño a la edad en que se formaron recuerdos específicos. Si no está seguro de cuándo se crearon los recuerdos dolorosos, debe preguntárselo a su niño interior. Y cuando tenga la respuesta a esta pregunta, podrá pasar a la fase de exploración.

El impacto de escribir un diario en la sanación del niño interior

Si no está acostumbrado a expresar sus pensamientos verbalmente o por escrito, puede que llevar un diario le resulte difícil. Mucha gente piensa en el diario como en la mayoría de las tareas escolares o laborales: otra tarea que hay que cumplir durante el día. Puede que se pregunte de qué sirve recordar sus pensamientos y sentimientos negativos y ponerlos por escrito.

Otro reto al que se enfrenta en este mundo moderno es que escribir en papel parece una forma anticuada de comunicarse, aunque sea con el yo interior. Con toda la tecnología digital, hemos llegado a depender del video, la voz y otros medios de comunicación. Uno de los mayores atractivos de escribir un diario radica en su capacidad para eliminar todas las distracciones de la era digital y disipar el estrés que conllevan.

Escribir las posibles causas de los problemas es solo una parte del viaje del niño interior. La otra parte es aprender a agradecer todos los dones espirituales que se reciben en la vida. A medida que escriba sobre lo que su niño interior le revela en las visiones, descubrirá que todo sucede por una razón. Incluso sus experiencias negativas no son más que lecciones de las que puede aprender. Y al entender el significado de estas lecciones cruciales, verá todo lo que ha vivido desde una perspectiva diferente. El dolor de las experiencias negativas desaparece y es sustituido por esperanza, alegría y gratitud, para felicidad de su niño interior. Usted es el artífice de su propio bienestar; escribir un diario le ayudará a comprenderlo. Estos son algunos de los regalos más preciados que recibe cuando escribe un diario para su niño interior:

- **Reducción de los niveles de estrés:** Escribir sobre lo que le preocupa en su día a día conduce a una disminución a largo plazo de la producción de cortisol, la hormona que induce el estrés. También estimula la liberación de neurotransmisores con un efecto similar e interrumpe las señales de dolor. Esto se traduce en una disminución de la presión arterial y una mejora de las funciones hepáticas, disminuyendo el impacto del estrés en su salud física y mental.

- **Gestión saludable del estrés:** Incluso si inicialmente no puede identificar las fuentes o los desencadenantes de su ansiedad, a través del diario usted puede aprender a manejar su condición de una manera saludable. El simple hecho de expresar sus pensamientos sobre experiencias estresantes o traumáticas ayudará a no recurrir a distracciones poco saludables y comportamientos adictivos.

- **Mejora de la respuesta inmunitaria:** Cuando su cuerpo no tiene que combatir los efectos del estrés, puede concentrarse en proporcionar una protección suficiente contra los agentes patógenos. Llevar un diario con regularidad aumenta la producción de linfocitos T, las células responsables de los procesos implicados en una respuesta inmunitaria saludable. Sus heridas sanarán más rápido, se recuperará de los resfriados con mayor rapidez, será más productivo y tendrá una mejor perspectiva de la vida.

- **Apreciación de las distintas experiencias:** Al descubrir lo que le hace feliz, aprenderá a apreciar las cosas sencillas de la vida, ya que a menudo son las más importantes. Cuando vienen de la dirección correcta, incluso el más pequeño gesto o señal pueden conducir a un enorme impulso en la producción de serotonina.

- **Mejora del estado de ánimo:** La capacidad de expresar sus pensamientos, aunque sea sobre el papel, impulsa la producción de serotonina y endorfinas, sustancias químicas responsables de que se sienta bien con usted mismo y con sus capacidades. También favorece la producción de los neurotransmisores responsables de contrarrestar las señales que propagan respuestas negativas por su cuerpo y su mente.

- **Agudización de las habilidades cognitivas:** Es bien sabido que escribir y leer con regularidad favorece el mejoramiento de las habilidades cognitivas, como la capacidad de memorizar cosas y recordarlas después. Al producir neurotransmisores inhibidores y hormonas del bienestar, su cuerpo abre más espacio a todo lo necesario para mantener sus funciones cognitivas en plena forma.

- **Aumento de los niveles de confianza:** Cuando las limitaciones de la ansiedad y el estrés ya no le limitan, sus niveles de confianza se disparan, contribuyendo aún más a la producción de las hormonas beneficiosas que mantienen su salud física, mental y espiritual bajo control.

- **Mejora de las funciones emocionales:** Expresar sus emociones le ayuda a procesarlas, independientemente de su origen o el impacto que tengan en su vida. Llevar un diario le permite conectar con sus necesidades internas y saber qué emociones ha utilizado y cuáles debe descartar tras la fase inicial del proceso. Identificar y organizar los sentimientos negativos deja espacio suficiente para desarrollar los positivos, que conllevan beneficios a largo plazo para su salud y felicidad.

- **Fomento del autodescubrimiento:** A través de la escritura, descubrirá lo que le entristece y lo que le causa alegría, animándole a buscar experiencias diferentes y a aprender más sobre usted. Notará los sutiles cambios que provoca cada acontecimiento o emoción positiva. Esto también le ayudará a descubrir su propósito y cuál es el siguiente paso para alcanzarlo.

- **Mejora de las conexiones sociales:** Al desarrollar un mapa más realista de sus sentimientos, aprenderá a gestionar las emociones que expresa hacia los demás. También le enseñará a lidiar con las respuestas emocionales que recibe de su entorno, animándole a desarrollar relaciones interpersonales más fuertes.

Diario del niño interior

Aunque llevar un diario puede parecer mucho trabajo, no tiene por qué serlo. Siguiendo esta sencilla guía, podrá conocer a su niño interior y descubrir el dolor que esconde en un abrir y cerrar de ojos.

Esto es lo que debe hacer:

1. Empiece por buscar un espacio donde no le molesten durante al menos veinte minutos.
2. Prepare su diario y un bolígrafo y póngalos a su lado mientras se sienta cómodamente.
3. Relaje los hombros, cierre los ojos y visualice a su niño interior. Intente que la imagen sea lo más vívida posible, ya que esto le ayudará para el siguiente paso.
4. Exprese su intención mentalmente o en voz alta. Aquí puede preguntar a su niño interior acerca de las emociones o pensamientos que no entiende, o puede pedirle orientación para el desarrollo espiritual.
5. Libere su intención exhalando profundamente y esperando una respuesta.
6. Mantenga la mente abierta sobre lo que pueda recibir: es posible que las respuestas no lleguen de la forma que espera.
7. Escuche el mensaje de su niño interior y no olvide expresar su gratitud por la ayuda recibida.
8. Abra los ojos y escriba lo que ha aprendido inmediatamente después de recibirlo. Esto le ayudará a memorizar el consejo o las instrucciones. Al hacerlo, podrá cumplirlo lo más fielmente posible en el futuro.
9. Después de escribir su experiencia, respire profundo y vuelva a centrarse en el presente.

Por supuesto, seguir estos pasos solo será útil si tiene una intención clara y sabe qué preguntas debe hacer a su niño interior. He aquí algunos buenos ejemplos de cómo cumplir ambos requisitos:

- Piense en las actividades que le gustaban de niño y si dejó de hacerlas. En caso afirmativo, pregúntele a su niño interior por qué evita esa actividad en particular.

- Describa una situación en la que se sintió incómodo de niño y piense qué le diría a su antiguo yo al respecto.
- Asegúrese de preguntar por lo más difícil que pasó de niño y cómo puede liberarse del dolor que le causa este acontecimiento.
- Piense en un lugar que le hiciera sentir seguro de niño y pregúntese si sigue sintiendo lo mismo por él.
- Pregúntele a su niño interior por sus libros favoritos, su música, las películas que le gustan y los héroes que admira.
- Indague sobre la relación de su niño interior con amigos de la infancia y familiares para ver si alguno de ellos le hizo daño, provocando que usted callara sobre sus sentimientos.
- Pregunte si otra persona le hizo daño y si la perdona.
- Considere su visión actual de la vida y compárela con los recuerdos de su infancia. Preste atención a las diferencias en sueños y aspiraciones y qué causó los cambios.
- Pregunte a su niño interior si tiene miedo o ansiedad por algo y qué puede hacer para aliviar sus temores.
- Pregúntele al niño cómo tratarlo y dele el amor que necesita para que ambos puedan sanar.

Consejos adicionales para llevar un diario del niño interior

Puede escribir su diario en cualquier momento del día en que sienta la necesidad de hacerlo, pero para obtener mejores resultados, es recomendable hacerlo después de levantarse o justo antes de acostarse. Antes de irse a dormir, su mente suele enfrentarse a numerosas preguntas sin respuesta. Explorar y registrar sus inseguridades, miedos o recuerdos de viejos traumas antes de acostarse le ayudará a poner fin a todas esas preguntas sin respuesta. Esto le permitirá dormir mejor durante la noche y estar más sano y productivo durante el día. Si alguna de las preguntas aún no tiene respuesta, su mente puede resolverla por sí sola procesando la información que ha obtenido de su niño interior.

También puede escribirlo por la mañana si sigue teniendo pensamientos o emociones problemáticos al despertarse. Si es escéptico sobre los beneficios de llevar un diario del niño interior, realizar esta práctica al menos dos veces al día le ayudará a notar sus beneficios muy pronto. De hecho, ni siquiera tiene que esperar hasta la hora de acostarse o a la mañana para escribir en el diario. Puede hacerlo en cualquier momento en que sienta que necesita sacar algo, aunque no esté seguro de qué se trata. Tampoco tiene que llevar el diario con usted todo el tiempo. Basta con que lleve consigo un bolígrafo y un trozo de papel para realizar una anotación rápida de las respuestas que reciba. Puede copiarlo más tarde en su diario para releerlo detenidamente y entender su significado.

No tiene que ser un escritor profesional ni poseer habilidades de escritura creativa para empezar un diario. Las anotaciones no tienen por qué ser formales, solo deben ser relevantes para las preguntas que le haga a su niño interior. Esto significa que solo tiene que escribir lo primero que asocie en su cerebro. Evite buscar el significado de lo que experimenta durante el proceso de visualización. En su lugar, documente lo primero que le venga a la mente, de la forma más honesta y concreta posible. Si le resulta más fácil registrar el mensaje o partes de él en imágenes, no dude en dibujarlo, partiendo de su niño interior. Preste atención a su aspecto, comportamiento y entorno físico.

Crear una imagen vívida de su niño interior ayuda a concentrar su intención en él, así que dibujar a su niño interior en su diario junto a algunas entradas cruciales es una buena idea. Al inmortalizar al niño en su diario, está creando una prueba tangible de su conexión eterna. Mirar esa imagen le permitirá formar un vínculo más profundo, descifrar sus mensajes y prepararse para otros en el futuro. Dibuje al niño interior con colores para evitar que su visión clara de él se desvanezca. Asegúrese de añadir cualquier detalle que destaque, como un objeto que sostenga o incluso una referencia al lugar o elemento que se muestra en su mensaje. Esto es recomendable para los principiantes que tienen dificultades para descifrar el significado de los mensajes espirituales solo escribiéndolos en un diario. No necesariamente tiene que hacer un dibujo cuando se comunique con su niño interior. Sin embargo, hacerlo tan a menudo como pueda le ayudará a comprender sus objetivos y hacerlo (y hacerse) más feliz.

El diario puede combinarse con otras técnicas, como la meditación, la atención plena, la conciencia espiritual y las técnicas de afirmación. Incorporar afirmaciones positivas a su diario le animará a dar a su niño interior todo el amor que se merece. Justo después de expresar su gratitud por la respuesta o la orientación que ha recibido, puede decir algo como esto:

«Ahora, libero la negatividad de mi cuerpo, mente y alma.

Estoy feliz de dejar ir todas estas cosas y seguir adelante.

Las heridas de mi alma solo me animarán a convertirme en la mejor versión de mí mismo.

Me creo capaz de todo lo que me propongo, incluso de liberarme de situaciones malsanas y de personas que no lo merecen.

Me libero de todas estas cosas porque merezco ser feliz».

Al principio, un diario debería bastar para sus pensamientos. Sin embargo, después de realizar la práctica durante un tiempo, quizá quiera pensar en llevar dos diarios distintos. En uno, puede anotar todas sus emociones negativas y pensamientos problemáticos. El otro debería ser el lugar para expresar gratitud por todo lo positivo que experimente. Al principio, debería empezar sus anotaciones con los aspectos negativos y terminarlas con los positivos en el mismo diario. Imagine su vida como un viaje con obstáculos y recompensas que encuentra por una razón concreta. Tanto si le perjudican como si le hacen sentir mejor, acéptelos y siga adelante. Sean cuales sean los dones materiales y espirituales que reciba, agradézcalos. Recuerde que no todo el mundo tiene la suerte de tener tantas cosas. Al fin y al cabo, sanar a su niño interior herido es aceptarse a usted mismo por lo que es, por lo que tiene y por lo que puede hacer con sus dones espirituales.

Después de un tiempo, la relación con su niño interior mejorará y aprenderá a descifrar sus mensajes inmediatamente. No necesitará leer las experiencias que escribió un par de veces para entenderlas, como probablemente tenga que hacer cuando empiece su diario. No solo eso, sino que, con la suficiente práctica, después de escribir todas las cosas negativas, podrá pasar a la segunda parte: expresar su gratitud por todo lo que ha experimentado (bueno o malo) al visualizar a su niño interior.

Capítulo 7: Conciencia del niño interior

¿Cree que es consciente de usted mismo? La mayoría de la gente responde «sí» porque no está realmente familiarizada con el concepto de autoconciencia. Sin embargo, experimentar la verdadera autoconciencia es poco frecuente; solo unas pocas personas saben quiénes son y rara vez están en sintonía con las diferentes partes de su personalidad. Su alma herida es una parte de su verdadero yo, así que cuando toma conciencia de usted mismo, también alcanza la conciencia del niño interior.

Ser consciente es estar presente en el aquí y el ahora, sin preocupaciones por el pasado ni por el futuro. La mayoría nunca está realmente «presente» o viviendo el momento; las mentes siempre están divagando en otra parte. Este es el resultado de llevar una vida acelerada y de pensar siempre en lo que viene a continuación. ¿Cuándo fue la última vez que estuvo realmente concentrado en lo que hacía? ¿Recuerda la última vez que tomó café y fue plenamente consciente del sabor y el olor? Cuando sale a pasear, ¿es consciente del movimiento de sus piernas y de los latidos de su corazón? ¿O solo piensa en el destino?

Su niño interior vive en su inconsciente, donde se almacenan todos sus traumas y experiencias pasadas. Rara vez se le presta atención, aunque puede ayudar a que aprenda mucho sobre sí mismo. A través de la conciencia, se pueden reconocer emociones negativas como la ansiedad o la ira y acceder a la mente subconsciente para encontrar sus orígenes. Esto ayuda a gestionar estas emociones en lugar de reprimirlas o dejar que tomen el poder. Si no es consciente y no está concentrado en su interior y en el mundo que le rodea, no podrá prestar atención a su niño interior y sanar su dolor.

La conciencia del niño interior es ser capaz de enfocar hacia dentro sus emociones, pensamientos y acciones y saber cómo se relacionan con su alma herida. Suele plantear la pregunta: «¿Mis acciones y pensamientos se alinean con lo que siento de verdad?». Esto puede llevarle a determinar si lo que está sintiendo es el resultado de su niño interior tomando el control o no. Algunas personas son conscientes de sí mismas por naturaleza y están en sintonía con su yo interior y su niño interior. Pueden evaluar fácilmente sus emociones y comprender sus desencadenantes, lo que les ayuda a gestionar sus reacciones y a tener el control.

Ser consciente de su niño interior le ayudará a percibir objetivamente sus emociones. En pocas palabras, no se enfadará con su niño interior ni se sentirá culpable o avergonzado por él. Será objetivo y comprensivo con el dolor de su alma herida. Incluso después de descubrir a su niño interior, puede que no sea realmente consciente de él en todo momento. Puede que no siempre se dé cuenta de que su niño interior está detrás de ciertas acciones, especialmente en el calor del momento. Sin embargo, cuando practica la conciencia del niño interior, sabe internamente de dónde proceden esos sentimientos.

La conciencia del niño interior desempeña un papel muy importante en la sanación, ya que le permite revisar constantemente su alma herida durante el día para ver si está feliz, triste o excitada por algo. También será consciente de los puntos fuertes y débiles de su niño herido y de cómo sus acciones afectan también a otras personas cercanas a su vida. Esta conciencia le motivará a aprovechar sus puntos fuertes para crecer y trabajar en sus puntos débiles para sanar.

Naturalmente, sentirá curiosidad por sus reacciones y sus orígenes después de conectar con su niño interior. Por ejemplo, si siempre se pone tenso o se siente ansioso cerca de un hermano o un familiar, es posible que estos sentimientos le resulten confusos y querrá explorarlos para llegar a sus raíces. La conciencia del niño interior le ayudará a acceder a sus recuerdos y a darse cuenta de que ese familiar puede haberle acosado o menospreciado cuando era niño, razón por la cual se siente nervioso cada vez que está cerca de él. Dicho esto, ser consciente de su niño interior también puede ayudarle a experimentar sentimientos infantiles más positivos, como la alegría o la despreocupación.

Cuando se toma conciencia del niño interior, se pueden experimentar sentimientos de culpa por haber descuidado durante tanto tiempo esta parte herida de sí mismo. Sin embargo, también se empezará a simpatizar con ella y a tratarla con más amor y compasión.

Para ser siempre consciente y estar centrado, debe practicar la conciencia en todos los aspectos de su vida, como caminar, sentarse, comer, respirar, etc. Una vez que sea consciente del mundo que le rodea y del mundo que hay dentro de usted, le resultará más fácil prestar atención y mantenerse concentrado en su niño interior.

Se ha mencionado en capítulos anteriores que nuestro niño interior quiere atención y siempre está intentando comunicar sus necesidades. ¿lo está escuchando? ¿Comprende que le está pidiendo ayuda? La conciencia del niño interior abrirá sus sentidos para que pueda escuchar a su alma herida cuando sufre y necesita atención. Puede abrazarla y hacerle saber que no la ignorará más. Puede hacerlo escribiendo, hablándole o incluso llorando si le hace bien.

El impacto positivo de la conciencia del niño interior

Según la psicóloga investigadora y escritora Diana Raab, la conciencia del niño interior ayuda a recordar tiempos más sencillos y la alegría e inocencia de la infancia. Si aprovecha estas emociones, podrá afrontar muchos de los retos que se le presenten como adulto.

Descubrir al niño interior no es fácil para algunas personas. Darse cuenta de que una parte de uno mismo está herida puede ser duro, así que, en lugar de trabajar para sanarse, optan por reprimir sus sentimientos e ignorar por completo a su niño interior. Con la conciencia, podrá reconocer esta parte de usted mismo en lugar de luchar contra ella. También puede utilizar la conciencia para abrazar a su niño interior y darle la validación que siempre ha deseado. Además, la toma de conciencia requiere estar concentrado y presente, lo que le permite reconocer el origen de su dolor y dar los pasos adecuados hacia su sanación.

En pocas palabras, la conciencia del niño interior le ayuda a reconocerlo, abrazarlo y sanarlo. Si se centra en sus actividades diarias, le resultará más fácil mirar hacia dentro y conocer mejor a su niño interior.

Practicar la consciencia siempre ha sido muy importante para ayudar a las personas a sanar sus traumas. Puede estar enfadado, triste o dolido, pero no es consciente de ello porque no presta atención a sus sentimientos o pensamientos. A medida que sea más consciente de su interior, estará mejor preparado para trabajar en su sanación. De hecho, diversos estudios científicos han demostrado los beneficios de la conciencia en la salud mental y en la mejora del bienestar.

Su niño interior herido puede estar sufriendo diversos problemas de salud mental como depresión, ansiedad, estrés o traumas. Practicar la consciencia mejora su salud mental para que su niño interior pueda sanar sus experiencias pasadas y traumas.

Reduce la ansiedad y el estrés

¿Sufre de ansiedad cada vez que tiene que hablar en público, asistir a reuniones familiares o defenderse? Esto puede ser el resultado de una experiencia traumática en su infancia. Cuando es consciente de que está ansioso y estresado, puede trabajar conscientemente su ansiedad o reducir sus niveles de estrés. Puede conseguirlo respondiendo de forma diferente cuando esté estresado o trabajando para mantener el control de sus emociones en lugar de dejar que le controlen.

Empatiza con su niño interior

La conciencia del niño interior le permite estar en sintonía con lo que su alma herida está sintiendo, especialmente cuando está sufriendo y pidiendo ayuda. Esta parte vulnerable de usted mismo quiere que sus sentimientos sean validados. Al ser consciente de su dolor, mostrará empatía hacia esa parte rota que lleva dentro. Una vez que se vuelva empático, será más comprensivo con las necesidades de su niño interior para trabajar en satisfacerlas y así sanar.

Ayuda a tomar mejores decisiones

En capítulos anteriores se habló de cómo su niño interior afecta a sus decisiones. A medida que sea más consciente de su alma herida, comprenderá mejor de dónde provienen sus decisiones. Sabrá si una decisión proviene del miedo de su niño interior o de su yo adulto. Darse cuenta de que su trauma es la fuente de algunas de sus decisiones imprudentes le ayudará a tomar mejores decisiones con la mente clara y sin dejarse controlar por su dolor.

Autocontrol

Su niño interior está impulsado por el dolor y la ira. Al igual que un niño, no tiene control sobre sus emociones y hace berrinches cada vez que puede. La conciencia del niño interior le ayudará a saber cuándo sus pensamientos, sentimientos y reacciones son irracionales. Por lo tanto, en lugar de reaccionar o perder los estribos, tomará el control de sus emociones y responderá de forma racional y calmada.

Cambiar los malos hábitos

Como resultado de su trauma, su alma herida ha adquirido malos hábitos como la autocrítica, el menosprecio a usted mismo y la incapacidad de decir no. Ser consciente de su niño interior le ayudará a darse cuenta de estos hábitos para cambiar sus patrones de pensamiento y, por tanto, de comportamiento. Por ejemplo, si un amigo le pide que le recoja en el aeropuerto, pero usted tiene una entrevista de trabajo, su niño trabajará para que le diga que sí, porque le gusta complacer a la gente. Sin embargo, si practica la conciencia del niño interior, se dará cuenta de que no tiene que decir que sí a todo, sobre todo cuando le incomoda. Será consciente de que su niño interior tiene miedo de enfrentarse a sí mismo y decir que no. Por lo tanto, establecerá límites saludables y aprenderá cuándo decir sí y cuándo decir no sin sentirse culpable.

Cambia su perspectiva y sus patrones de pensamiento

Su niño interior sigue atrapado en el pasado con la misma personalidad infantil, mirando el mundo desde la perspectiva de un niño asustado y vulnerable. Como sus pensamientos no han evolucionado ni cambiado desde que era niño, puede que no sea consciente de que hay algo que no funciona en su forma de pensar o de ver el mundo. Después de descubrir a su niño interior y aceptarlo, puede practicar la conciencia del niño interior, aprovechar su patrón de pensamiento y aprender más sobre usted mismo y sobre el dolor de su niño interior. Cada vez que tenga un pensamiento negativo, en lugar de rendirse ante él, tome el control e intente averiguar qué ha provocado esos pensamientos. ¿Son el resultado de preocupaciones poco realistas? ¿Son fruto de dolores y traumas? Una vez que tome el control y cambie sus patrones de pensamiento, podrá sustituir los pensamientos negativos por otros más racionales y positivos.

Guía para tomar conciencia del niño interior

Practicar la autoconciencia no solo es eficaz, sino que también es muy fácil y una gran herramienta que puede implementar en su vida para sanar a su niño interior. En la siguiente parte del capítulo, se proporcionan ejercicios sencillos que puede practicar todos los días en diversas situaciones, para que siempre sea consciente de su niño interior.

Pregúntese por qué

Antes de tomar cualquier decisión, pregúntese: «¿Por qué estoy tomando esta decisión?» y escriba su respuesta. Dese un momento, hágase la misma pregunta una segunda y una tercera vez y escriba sus respuestas. Eche un vistazo a las respuestas: ¿son racionales? ¿Son buenas razones? ¿Son fruto del miedo? sus respuestas le aclararán si está tomando la decisión correcta o si está influenciado por el miedo de su niño interior.

Cuando sus decisiones se basan en hechos, se siente seguro de usted mismo y toma mejores decisiones en la vida. Cuanto más practique esta técnica, más natural será para usted y se preguntará siempre tres veces por qué. Así evitará que su niño interior se apodere de usted cada vez que vaya a tomar una decisión importante.

Diga no a su niño interior

Su niño interior debe ser tratado con amor y compasión, pero al igual que un niño de verdad, no pueden complacerse todas sus necesidades. Cuando es consciente de su niño interior, puede distinguir entre las autoexigencias de un adulto y las demandas de su alma herida. Cuando tiene pensamientos malsanos o irracionales, puede tratarse de su niño interior pidiendo algo. Solo debe satisfacer sus necesidades sanas. Por ejemplo, si quiere que recurra a la comida para satisfacer sus necesidades emocionales, que haga una pataleta cuando su pareja cancela una cita o que gaste dinero sin preocuparse por el futuro, debe actuar como un padre estricto y decir «no».

La conciencia del niño interior le ayuda a ver la diferencia entre las necesidades de un niño y las de una persona madura. Aprenderá a reprogramar su cerebro y a volver a criar a su niño interior diciendo no a las tentaciones y sustituyendo los pensamientos y necesidades malos o insanos por otros más provechosos.

Piense antes de actuar

Probablemente le habrán dicho que piense antes de actuar. Para muchas personas es más fácil decirlo que hacerlo. Sin embargo, puede lograrse con la práctica. Al igual que los tres «porqués» que se han mencionado antes para pensar antes de tomar una decisión, también debe hacer una pausa y reflexionar antes de actuar. Siempre que se enfrenta a una situación difícil o profunda emocionalmente, el niño interior toma el control y dice cosas que no debería.

Por tanto, evalúe la situación y piense objetivamente siempre que se sienta provocado o frustrado. Para ello, respire antes de reaccionar y dese tiempo para pensar con claridad y evaluar la situación.

Tenga cuidado con los pensamientos negativos

Los pensamientos negativos son el resultado de los miedos y ansiedades. No son racionales, útiles ni están basados en la realidad. Siempre debe ser consciente de estos pensamientos para determinar su origen. Por ejemplo, si no le aceptan en un trabajo, puede pensar que es un fracasado en lugar de pensar, de forma más lógica, que simplemente se hayan decantado por alguien con más experiencia. Estos pensamientos provienen de su vulnerable niño interior, porque alguna vez un padre o un profesor le hizo sentir que no era lo bastante bueno. Incluso cuando consigue algo, lo atribuye a la suerte en lugar de celebrar sus éxitos.

Preste atención a sus pensamientos y trabaje para cambiar sus patrones de pensamiento. Cada vez que consiga algo, celébrelo, aunque no le apetezca; esto reprogramará su cerebro para que celebrar sus éxitos sea algo natural para usted. También debe perdonarse y practicar la autocompasión cada vez que cometa un error, en lugar de criticarse o ser duro con usted mismo. Ser consciente de su niño interior herido y de sus pensamientos es la única forma de darse cuenta de su negatividad y sustituirlos por una actitud positiva.

Identifique sus desencadenantes

Siempre hay una razón para sentirse ansioso, enfadado o frustrado en determinadas situaciones. En la mayoría de los casos, algo desencadena a su niño interior, que se manifiesta en estos sentimientos. Por ejemplo, se siente ansioso antes de cada reunión de trabajo, pero no presta atención a la razón por la que se siente así, nunca se lo cuestiona. Practicando la conciencia del niño interior, puede darse cuenta de qué desencadena esos sentimientos de ansiedad. Puede que la sola idea de tener que hablar en una reunión le haya provocado ansiedad. Le recuerda todas las veces que hablaba en reuniones familiares y le hacían bromas o desestimaban sus opiniones. Al identificar sus desencadenantes, su yo adulto puede tomar las riendas, pensando con lógica y sin dejar que su niño interior utilice el miedo para frenarlo.

Un desencadenante también puede ser una persona o un lugar. Sea consciente de sus emociones negativas y de cómo responde a su entorno. Cada vez que experimente un sentimiento negativo, pregúntese: ¿Por qué me sentí enfadado, celoso, frustrado, triste, etc. al hablar con esta persona? ¿Dijo algo que me hizo sentir así? ¿Cómo reaccioné? ¿Había sentido estas emociones antes? Las respuestas le ayudarán a comprender si el desencadenante fue la persona, el tono de su voz o algo que dijo. Puede comparar esta situación con algo que vivió en su infancia para entender por qué se siente así ahora. Si es una persona o un lugar lo que le desencadena, puede evitarlos, en lo posible.

Medite

Se sabe que la meditación ayuda a despejar la mente, mantener la concentración y estar presente en el aquí y ahora. Encontrará muchas técnicas de meditación que requieren que se concentre en su respiración. Aunque no tenga demasiado tiempo para meditar, puede tomarse un par de minutos en cualquier momento del día para concentrarse en su respiración. Puede practicar la meditación concentrándose en su respiración cuando se despierta, antes de irse a dormir o en el auto antes de conducir hacia el trabajo. Cuando se concentre en su respiración, empezará a ser más consciente de lo que le rodea y de todo lo que hace. Este libro le ofrece algunas técnicas de meditación, pero también puede encontrar varios métodos en línea o descargar aplicaciones de meditación.

Evalúese a usted mismo

Examínese de vez en cuando para ver si su conciencia de niño interior está mejorando o no. También puede anotar todas las veces que esta conciencia ha ayudado a su niño interior para su sanación. ¿Es más consciente o sigue teniendo problemas? Puede hablar con un terapeuta si tiene dificultades con la conciencia del niño interior.

La conciencia del niño interior es un método fácil y eficaz para sanar su alma herida. Al centrarse en el momento presente, en su entorno y en su niño interior, podrá evaluar las emociones y reacciones de su alma herida. En pocas palabras, su niño interior estará siempre en su mente, por lo que podrá aprovechar fácilmente sus sentimientos en lugar de dejar que se apodere de usted. Será usted quien tenga el control.

Capítulo 8: Los retos de sanar a su niño interior

¿Alguna vez se ha tomado el tiempo de escuchar las vocecitas aleatorias de su cabeza? Ya sabe, esas voces que suenan como la versión más joven de usted. En eso consiste la sanación del niño interior. Como sabe, no importa la edad que tenga ni adónde le lleve la vida. Su niño interior siempre estará ahí para acompañarle en el viaje de la vida. Sin embargo, su niño interior aparecerá más cuando esté herido o decepcionado. Resurgirá cuando un amigo no atienda su llamada. Su yo adolescente puede hablar más alto si usted y su amigo discuten. Tomar nota de cuándo se hace oír su niño interior y reconocer lo que dice es uno de los pasos más importantes del trabajo con el niño interior.

El trabajo con el niño interior, o su sanación, es uno de los métodos más populares para abordar los sentimientos de rechazo y lo que cree que faltó durante su infancia. Es una forma de aceptar las necesidades que su niño interior nunca satisfizo y de superar las heridas de apego con las que creció. Independientemente de cómo fue su infancia, lo más probable es que haya una parte más joven de usted que sienta que nadie la quiso lo suficiente o de la forma adecuada.

La sanación del niño interior es similar a cualquier tipo de sanación interior. Por un lado, requiere que le dé a su subconsciente el espacio para guiar el proceso. Debe profundizar en su ser y explorar sus emociones. El trabajo interior le insta a impulsar las partes de usted que otros le han obligado a ocultar. Al crecer, puede que sintiera la necesidad de reprimir ciertas facetas de usted mismo a causa de los comentarios críticos de los demás. Si se permite explorarse desde dentro, empezará a desmantelar sus mecanismos cotidianos de defensa, como la evasión, el aislamiento o el adormecimiento de las emociones. Solo entonces podrá aceptar, reconocer e incorporar a su conciencia el funcionamiento de su subconsciente.

La sanación del niño interior se utiliza habitualmente en varios tipos de terapia, como la terapia del trauma, la psicoterapia sensoriomotriz, la terapia narrativa y la terapia artística. Lo mejor de este enfoque de sanación es que le anima a hablar con su niño interior en el lenguaje que él habla. Esto significa que tendrá que encarnar sus emociones y dejarse guiar a través de conversaciones reflexivas en lugar de expresarse mediante palabras y pensamientos.

Todos atravesamos el mundo con nuestras heridas de la infancia. Incluso el más simple de los traumas puede afectar de manera significativa. Todo, desde el abandono o el rechazo emocional hasta el maltrato físico, deja huella. Siempre se dice que debemos superarlo o nos han hecho creer que es «normal». Por eso la mayoría nunca habla de sus experiencias pasadas. Se deja solas a las personas con su dolor y sus emociones porque «eso es lo que se supone que deben hacer los adultos».

El trabajo con el niño interior es vital, porque recuerda que los sentimientos son válidos. Da la seguridad de que la memoria y los sentimientos no están equivocados. Permite soltar la vergüenza y reconocerla abiertamente. Al sanar a su niño interior, está sanando a ese niño pequeño que se sentía abandonado y al adolescente que lloraba todas las noches porque nadie le entendía. Al sanar a su niño interior, cultiva la seguridad, la protección y el cuidado que su niño pequeño siempre ha anhelado. Al hacerlo, alivia parte de la negatividad que su yo más joven ha experimentado, dejando espacio para que surjan experiencias positivas. Acepte sus dones naturales e innatos, su curiosidad infantil y su infinita compasión.

En cambio, si evita reconocer sus traumas pasados, se sentirá estancado y aislado. Reprimirlos solo los empeora, porque buscan otras formas dañinas de salir a la luz. Aparecen problemas de salud mental y mecanismos autodestructivos, como el alcoholismo, el abuso de sustancias, la adicción al trabajo o incluso el acoso y el racismo. Los problemas del niño interior suelen ser generacionales. Por eso no solo se sana a usted mismo haciendo este trabajo. Está enseñando a otras generaciones a hacer las paces con lo que son en esencia.

En este capítulo, se exploran los desafíos que conlleva el proceso de sanación del niño interior. Sabrá qué esperar y accederá a algunos consejos sobre cómo superarlos. Luego, encontrará una guía de múltiples pasos para sortear los desafíos del trabajo con el niño interior.

Los desafíos del trabajo con el niño interior

Sanar a su niño interior no es una tarea fácil. El proceso es largo y desafiante. El problema principal radica en que las personas que se han hecho daño no se ayudan a sanar. Como adulto, probablemente se dé cuenta de que debe llevar a cabo este proceso de forma independiente. La sanación empieza desde dentro y usted es el único que puede ayudarse a superar esas dificultades. Sin embargo, su subconsciente o niño interior no entiende esto. De niño, confiaba ciegamente en quienes le rodeaban, sobre todo en su familia y en los que más quería. Los admiraba y buscaba su guía. Por eso el niño que hay en usted espera que la solución venga *de ellos*. Al fin y al cabo, probablemente sus padres le ayudaron a solucionar los problemas en los que se metía.

Debe ayudar al niño que hay en usted a darse cuenta de que deben trabajar juntos para sanar sus heridas. Su subconsciente debe estar tranquilo con el hecho de que nadie venga a disculparse y a ayudarle a recoger los pedazos rotos. La mayoría de los adultos nunca admiten las heridas de su infancia. Es probable que sus padres nunca reconozcan que le hicieron daño o que no tuvieron siendo padres. Afortunadamente, hay muchas maneras de seguir adelante con la pesada responsabilidad de sanar al niño que lleva dentro. Pero primero, veamos algunos retos a los que puede enfrentarse a lo largo de este camino:

1. Falta de confianza

Su niño interior ha sido defraudado demasiadas veces. Confiaba de forma incuestionable en las personas que luego le traicionaron. Por eso su niño interior no se acercará a usted fácilmente. Sí, aunque usted sea su versión mayor. Solemos ser nuestro enemigo más fuerte y poderoso. Nos criticamos, avergonzamos y herimos constantemente. Seguro que en algún momento de su vida ha invalidado sus propias emociones o se ha avergonzado por sentirse como se siente. La única forma de conseguir que su niño salga del escondite es demostrándole que es su aliado y amigo. Debe apoyarle y no criticarle. Y lo que es más importante, debe reconocer y validar sus sentimientos y todo lo que le ha pasado, por mucho que la sociedad lo normalice. Reconocer la negligencia, el abuso, el abandono y la soledad de su yo más joven es esencial para la sanación.

En otras palabras, sea el adulto que su yo más joven necesita. Se suponía que le iban a cuidar mientras crecía. En lugar de eso, terminó herido. Es fácil sentir que el daño es irreparable, sobre todo cuando no sabe por dónde empezar. El viaje es largo y tiene que abordar muchos aspectos de su yo actual y pasado. Por otro lado, ahora es un adulto. Debe confiar en su capacidad de cuidar de usted mismo y ofrecer a su niño interior el tipo de cuidado que se merece. Piense en lo que salió mal y en las cosas que le hicieron daño de niño y cómo podrían haber sido mejores. Por ejemplo, si sus padres solían maltratarle verbalmente, su niño interior necesita que le respete, le anime y le apoye. Así es como tiene que acercarse a su yo más joven. Retírese a un lugar tranquilo y mantenga una conversación con su niño interior en voz alta. Dígale todo lo que quiera. Exprese su amor por él y dígale que está orgulloso

2. Necesidad de validación

A veces es difícil separar sus propios pensamientos y sentimientos de los de quienes le rodean. Somos automáticamente influenciados por las mentalidades y creencias de nuestra comunidad. Adoptamos muchas ideas como propias, aunque no estemos totalmente de acuerdo con ellas. Por eso es posible que trivialice o incluso justifique las heridas. Se esforzará por encontrar una razón por la que le avergonzaron, abandonaron u obligaron a crecer antes de tiempo. Puede que incluso se diga a usted mismo que sus experiencias no fueron tan malas. Por eso debe dar un paso atrás y preguntarse si esas afirmaciones proceden de su auténtico yo o del mundo que le rodea. Porque si fueran suyas, no estaría leyendo este libro y averiguando cómo sanar a su niño interior. Si esas acciones hirientes fueran justificables, o si lo que experimentó no fuera «tan malo», entonces no se sentiría herido. Reconozca que lo que ha vivido le ha herido. Si le hace sentir mejor, sus padres no le criaron como debían, no porque sean malas personas, sino porque ellos también tienen niños interiores heridos.

Haga que su niño interior se sienta visto y escuche sus dificultades. Saber que le quieren y sentir el amor no es lo mismo. Su yo más joven necesita sentir el amor. Necesita saber que usted ve quién es realmente y entender que se preocupa por él. De usted depende hacerlo. Afortunadamente, hay muchas formas en las que puede compensarlo ahora que ya no es un niño. Piense en cómo reacciona su niño interior ante los retos, los miedos, las cosas que le hacen feliz, etc. Esté atento a ellas.

3. Las etapas del duelo

El shock y la ira son las primeras etapas del duelo, lo cual, aunque no lo crea, es señal de que va en la dirección correcta. La ira y la conmoción son sentimientos muy normales, incluso si entiende que lo que ha vivido en su infancia no fue intencionado. La ira es un elemento habitual en el proceso de sanación del niño interior herido. No hace falta que rompa cosas ni que grite a pleno pulmón (aunque si lo necesita, tampoco está mal), pero tiene derecho a estar muy enfadado.

Si lo piensa bien, probablemente sus padres hicieron el mejor trabajo que pudieron siendo dos adultos con un niño interior herido. Pero esto no significa que esté menos herido emocional y espiritualmente por cómo fueron las cosas. Precisamente por eso tiene que darse cuenta de que depende de usted empezar con una generación de niños heridos que no se hagan daño a sí mismos ni a quienes les rodean.

Defienda a su versión más joven cada vez que alguien la ofenda o menosprecie de alguna manera. Ahora bien, no es posible viajar atrás en el tiempo (aunque eso aceleraría el proceso de sanación o incluso evitaría el daño), pero puede defenderse ahora, especialmente cuando alguien le menosprecia de una forma a la que su niño interior conoce. Por ejemplo, si le decían con frecuencia lo dramático que era, podrá defenderse si alguien le dice eso ahora. Deje claros sus límites y explique que es algo que no le gusta oír. Haga que su niño interior se sienta orgulloso por saber que ya no tolera ninguna falta de respeto.

4. Olas de tristeza

Inevitablemente, experimentará profundas oleadas de ira y tristeza después de sentirse enfadado. Es probable que le duela pensar en cómo habría podido ser la vida si no estuviera todavía lidiando con las consecuencias de heridas pasadas. Sentirá lástima por sus sueños, ambiciones y aspiraciones de la infancia. Está bien lamentar sanamente la falta de realización de lo que no se ha desarrollado.

Ayuda a implicar a su niño interior en su viaje. Al fin y al cabo, necesita su colaboración para lograr la sanación. A estas alturas, ya debería ser capaz de saber qué hace feliz a su niño interior. No necesita saberlo todo sobre su niño interior. Este viaje es una experiencia de aprendizaje. Esto significa que cada día descubrirá algo nuevo sobre su yo más joven. Utilice sus conocimientos para hacer las cosas que le gustan a su niño interior tan a menudo como pueda. Es fácil ignorar a su niño interior cuando intenta convertirse en el adulto que «debería ser». Sin embargo, esto empeora la situación. Cuanto más se reprimen los deseos del niño interior, más fuertes se vuelven. Al final, no será capaz de apartarlos, ya que le harán sentir irritado, implacable y desesperanzado. Si se mantiene así por mucho tiempo, puede que incluso acabe experimentando una crisis de identidad. Esta es una señal de que necesita alinear su comportamiento con sus necesidades.

5. Remordimientos

El remordimiento es una emoción muy fuerte que aparece cuando se ha perdido algo. A menudo se experimenta tras la pérdida de un ser querido. También es relevante en este caso porque su niño interior puede preguntarse si podría haber hecho algo diferente. Debe ayudar a su subconsciente a entender que no hay nada que su yo más joven pudiera haber hecho para cambiar las cosas. Hágale saber a su niño interior que su dolor debe ser por él mismo y no por lo que podría haber sido. Nunca fue responsable de lo que le pasó. No podría haber sido mejor hijo para sus padres. Era su trabajo darle a su niño interior una crianza sana, y es su trabajo, como adulto, dejar que su niño interior lo sepa.

6. Soledad

Quizás los sentimientos más fuertes que experimentará a lo largo de este viaje sean la vergüenza y la soledad. Que sus padres le abandonaran o abusaran de usted le resulta vergonzoso. Se siente mal con usted mismo y probablemente crea que hay algo mal en usted, porque así es como le trataron. Esta vergüenza acaba provocando soledad. Su niño interior se siente como si fuera un extraterrestre. Se siente contaminado, por lo que oculta su auténtico yo al mundo, poniéndose una máscara. Su niño interior vive el resto de su vida como un impostor, lo que le hace sentirse solo e incomprendido.

Este es el último y más largo paso del proceso de sanación. Es el más difícil de soportar. Sin embargo, hay una salida: ir a terapia. Es necesario acudir a un profesional para afrontar de forma sana la vergüenza y la soledad. Es difícil reconocer estos sentimientos por sí mismo. Pero el reconocimiento y la aceptación son necesarios si quiere superar los obstáculos. Es la única forma de reconectar con su verdadero yo, perdido hace tiempo.

Sortear los desafíos de la sanación del niño interior

La siguiente es una guía de múltiples pasos que puede seguir para sortear los desafíos del trabajo con el niño interior:

1. Reconozca a su niño interior

Si quiere empezar a sanar, debe reconocer que su niño interior está ahí y está sufriendo. Esté abierto a la idea de explorar el pasado, para no complicar aún más el proceso de sanación. Puede que al principio le cueste acercarse a su yo más joven. Por eso es útil comenzar explorando las experiencias más significativas de su infancia. Acepte que sucedieron, profundice en cómo se sintió y luego hable con su niño interior como si fuera una persona real y diferente de usted.

2. Sea un oyente activo

Escuche los sentimientos que surjan durante la conversación. Preste atención a emociones como la ira, la soledad, la inseguridad, la vergüenza, la ansiedad y la culpa e interprete lo que intentan decirle. Intente recordar algunos acontecimientos o incluso personas de su vida que le generaran esos sentimientos. Piense en las situaciones que desencadenan emociones similares en su yo adulto. ¿Percibe algún patrón?

3. Escriba un diario o una carta

Ahora que ha crecido, probablemente tenga una perspectiva diferente a la que tenía entonces, sobre todo en lo que se refiere a los acontecimientos o situaciones que le hirieron. Escribirlos puede ayudarle a abordar las cosas que su niño interior no comprende completamente. Digamos que siempre temió a su hermano porque era un niño con mucha ira. Si ahora sabe que él fue objeto de acoso durante años, su niño interior puede comprender que la ira de su hermano no era contra el niño que hay en usted. Pregúntele a su niño interior por sus sentimientos y cómo le gustaría que le ayudara.

4. Medite

Ahora que le ha hecho algunas preguntas a su niño interior, es el momento de meditar. Esto le ayudará a sacar a la luz las respuestas. La meditación aumenta el autoconocimiento de una persona al enseñarle a dirigir su atención a las emociones que surgen durante el día. La meditación se basa en la atención plena, que facilita la detección de los acontecimientos que desencadenan acciones no deseadas.

Amar a su niño interior no es algo que sucede de la noche a la mañana, ni tampoco la sanación de sus heridas. Puede que ahora no se dé cuenta; sin embargo, una vez que se embarque en el viaje de la sanación, entenderá que el trabajo con el niño interior consiste en amar a la versión más joven de usted mismo. No importa lo raro, tímido, difícil, molesto, ruidoso o extraño que pensara (o se dijera) que era. Merecía amor por ser lo que era. No necesita una máquina del tiempo para volver y hacerle saber a su niño interior que el mundo vale la pena.

Capítulo 9: Beneficios de sanar a su niño interior

Conectar con su niño interior es maravilloso. Puede parecer una exageración; sin embargo, puede transformar su vida sanando a ese niño pequeño que lleva dentro. Nunca se dará cuenta plenamente de cuán herido estaba su niño interior hasta que se sane por completo. Mirará atrás y se preguntará cómo podía vivir con tanto peso sobre los hombros.

El trabajo con el niño interior le permite perdonar y seguir adelante. Aprenderá a reconocer cómo sus padres lo influyeron sin culparlos por la persona en la que se convirtió. Sanar a su niño interior conlleva un nivel de madurez diferente en el que no debe negar el impacto de su educación, pero comprende que es lo mejor que sus padres pudieron haber hecho. El proceso de sanación le ayudará a aceptar que no podía haber hecho nada para evitarlo. Cuando todo el trabajo esté hecho, verá que es responsable de tomar la iniciativa y cambiar ciertos aspectos de su vida. No tiene por qué conformarse con las cosas como están. Ya no será víctima de su propia tristeza o de sus experiencias ni se dejará invadir por el resentimiento, lo que lo llevará al siguiente nivel.

El trabajo con el niño interior es fortalecedor. Le ayudará a no permitir que la duda y el miedo le guíen. En su lugar, aprenderá a tomar las riendas de sus emociones y reacciones. Una gran parte de la sanación de su niño interior depende de cómo defienda a su yo actual y a su yo más joven siempre que sea necesario. Ya no utilizará sus traumas del pasado como excusa para caer en comportamientos destructivos. Este tipo de sanación le ayudará a desprenderse de sus hábitos no deseados. Cuando esté empoderado, no querrá vivir como una víctima que culpa a sus traumas del pasado de sus mecanismos destructivos para enfrentar la vida.

El proceso de sanación conlleva una buena dosis de dolor y malestar. Sin embargo, si hay algo que aprenderá es que la mayor sanación se produce cuando sale de su zona de comodidad. En este capítulo, aprenderá los beneficios de sanar a su niño interior y cómo conseguirlo. También encontrará un cuestionario para precisar qué beneficios ha experimentado al practicar la sanación de su alma herida.

Beneficios de trabajar con el niño interior

No importa lo que haga, nada evitará que actúe como un niño a menos que realice un trabajo serio con su niño interior. Ninguna técnica de gestión de la ira o del tiempo, de respiración o de meditación le ayudará a mejorar su atención, a reconocer y controlar sus emociones y a responsabilizarse en lugar de culpar y acusar a los demás, a comunicarse eficazmente y a no sacar conclusiones precipitadas. Aunque estas técnicas pueden servir como apoyo complementario, primero debe abordar su problema principal: sanar a su niño interior herido. Cuando empiece a sanar a su niño interior, verá cómo su vida cambia ante sus propios ojos. Puede que se sienta presionado a hacerlo todo según las normas. Sin embargo, en este viaje nadie es perfecto. En primer lugar, no existe una práctica de sanación estándar que le diga cuánto debe esforzarse. Mientras conecte con su niño interior, valide sus emociones y sea el padre que él se merece y que anhela, podrá cosechar los beneficios del amor propio, la compasión, la autoconciencia y el control emocional. Los siguientes son algunos de los beneficios de trabajar con el niño interior:

1. Reconocer el dolor

Nunca comprenderá realmente el dolor y su impacto a menos que escuche al herido. Debe crear un espacio seguro para que hable de cómo se siente mientras reflexiona sobre sus emociones. Puede hacerlo dando prioridad a la seguridad en la relación que construye con su niño interior. Haga que se sienta seguro, querido e importante. Acérquese a él con respeto y validación para que pueda entrar en contacto con usted. Solo entonces podrá penetrar en las heridas acumuladas, reflexionando sobre cada revelación que tenga. Tómeselo con calma y trabaje al ritmo de su niño interior. Nunca exceda los límites ni vaya más allá de sus umbrales de dolor y los de su niño interior. De lo contrario, comprometerá esa confianza.

2. Explorar sus límites

La sanación del niño interior tiene muchos aspectos. Es un viaje muy dinámico. Sus sentimientos, necesidades y deseos pueden cambiar varias veces a lo largo del proceso, dependiendo de los traumas, recuerdos y experiencias que encuentre. Debe recordar que está trabajando con su niño interior en sus diversas etapas. Por ejemplo, sus necesidades emocionales y de desarrollo a los seis años son muy diferentes de las de los catorce años. Siempre que trabaje con su niño interior, asegúrese de tomar nota de su edad emocional. Después, establezca sus límites, adaptándolos a cada versión de usted mismo. Independientemente de cuáles sean sus necesidades, acérquese a ellas sin juzgarlas.

Explorar sus límites continuamente le aporta mucha información sobre la persona que es hoy. Le ayuda a comprender mejor sus necesidades, preferencias y aversiones. También le ayudará a determinar cuáles son sus límites actuales en la vida.

3. Trabajar por la plenitud

Si está luchando con un niño interior herido, aún no ha experimentado la plenitud. Los dolores y traumas no resueltos le impiden encontrar y abrazar todas las partes de usted mismo. Lleva su vida en fragmentos de su ser. ¿Se ha dado cuenta de lo fácil que le resulta dejar de lado una parte de usted mismo cada vez que tiene que hacerlo? Sanar a su niño interior es muy parecido a buscar a un niño perdido. Busca por todas partes, intenta remontar los pasos y juntar pistas hasta que por fin lo encuentra. Alcanza la plenitud cuando consigue traer de vuelta al niño y descubre que coexiste armoniosamente con su yo adulto. Aunque es más fácil decirlo que hacerlo, el único consejo es que no se desanime. La paciencia es una virtud. Se embarcó en este viaje sabiendo que no sería fácil. Cuando sienta que quiere rendirse, recuerde por qué empezó. Piense en el niño que merecía algo mejor al crecer. Acuérdese de que no puede volver a defraudarle.

4. Identificar el narcisismo

Muchas de las personas que sufren traumas infantiles son víctimas de abusos narcisistas y relaciones tóxicas. A menudo se trata de un método de supervivencia o una respuesta al trauma. Este es especialmente el caso de quienes crecieron con cuidadores narcisistas que eran insensibles a este tipo de comportamiento inaceptable. Estar constantemente expuestos a ello de niños probablemente les hizo creer que era normal. Un aspecto importante del trabajo con el niño interior es comprender sus patrones de respuesta al trauma. Aprenderá mucho sobre las relaciones seguras y tóxicas cuando descubra cómo se originaron y cómo le ayudaron en la vida. Esto le facilitará detectar a los narcisistas y evitar caer en las mismas trampas.

5. Evitar las rabietas

Si aún no ha sanado a su niño interior, es probable que las rabietas emocionales de vez en cuando no le resulten extrañas. Llevar un registro de sus desencadenantes y relacionarlos con ciertos recuerdos, historias o acontecimientos puede ayudarle a romper el ciclo del estallido emocional antes de que ocurra. Suponga, por ejemplo, que alguien dice algo que usted identifica como un posible desencadenante de una reacción indeseable. En ese caso, debe estar preparado para distraer a su niño interior o manejar su reacción. Dar un largo paseo, retirarse a un espacio seguro, meditar o hacer ejercicios de respiración son medidas preventivas eficaces. Debe experimentar hasta encontrar algo que funcione para su niño interior.

La «ira paradójica» es otro tipo de ira. Cada vez que se enfadó con sus padres, probablemente reprimió sus emociones. No podía expresar fácilmente sus sentimientos porque si hubiera arremetido contra ellos habría sufrido las consecuencias. Por desgracia, las mismas personas que pusieron en peligro sus límites, su sensación de seguridad y su confianza son aquellas de las que dependía su yo más joven. A medida que trabaja con su niño interior, debe encontrar formas positivas de liberar la ira reprimida y, al mismo tiempo, evitar los estallidos emocionales.

Como recordará del capítulo anterior, debe dedicar tiempo a explorar los deseos de su niño interior. Averigüe qué le hace sentir feliz, tranquilo y relajado. Esto le dará una idea de lo que necesita para prevenir los estallidos.

6. Liberarse de la vergüenza tóxica

Piense en su vida actual y reflexione sobre su vida adolescente. ¿Qué pensamientos le preocupan? Cuando piensa en usted de niño, ¿qué se viene a la mente? ¿Vergüenza? ¿Sentimientos de inadecuación?

¿Con qué frecuencia se sorprende a usted mismo avergonzando a su yo más joven? Quizá reflexione sobre lo imperfecto que era y cómo podría haberlo hecho mejor para que sus padres se sintieran orgullosos. Tal vez piense en todas las decisiones precipitadas que tomó cuando tenía dieciséis años y en todas las cosas que hizo que no encajaban con sus valores. La única forma de liberarse de la vergüenza tóxica es exteriorizar estas emociones. Hablar de su pasado le ayudará a deshacerse de la vergüenza y sustituirla por compasión.

7. Ser su propio padre

Cuando trabaja con su niño interior, debe tratarlo como si fuera su propio hijo. Debe nutrirlo y cuidarlo. Esto significa que puede ser el padre que le faltó de niño. Esta vez tiene que hacer las cosas bien, asegurándose de satisfacer las necesidades de desarrollo de su yo más joven. Sea la persona de la que su niño interior puede depender, con la que puede conectar y en la que puede confiar. Es su única oportunidad de ser escuchado, encontrar seguridad y sentirse amado incondicionalmente.

8. Romper ciclos insanos

¿Se ha preguntado alguna vez por qué suelen ser las personas con una infancia inestable las que terminan en relaciones codependientes y poco saludables? Pues bien, se debe a que las personas con luchas similares se atraen inconscientemente. Se sienten atraídas por lo que les es familiar y, juntas, reviven momentos de su infancia.

Cuando éramos niños, estábamos indefensos y dependíamos totalmente de nuestros padres. Los admirábamos y creíamos que siempre tenían razón. Por eso pensábamos que los problemas eran culpa nuestra. Creamos creencias y suposiciones sobre nosotros mismos que se trasladan a la edad adulta. También creamos estrategias para conseguir lo que necesitáramos de nuestros padres. Todavía recurrimos a estas estrategias en todas nuestras relaciones. Sin darnos cuenta, recreamos el caos con el que crecimos para asegurarnos de que nuestros comportamientos, pensamientos y acciones siguen siendo relevantes. Saber qué esperar y mantener una sensación de familiaridad nos proporciona una falsa sensación de seguridad.

Debe descubrir cuáles son sus patrones y hacer una elección consciente. Aunque al principio será extremadamente incómodo, debe salir de su zona de confort para mostrar a su niño interior que no va a recrear el mismo entorno en el que le criaron ni recurrir a las mismas estrategias para sentirse seguro.

9. Determinar su autoestima

Por desgracia, vivimos en un mundo en el que nuestro valor se determina por lo que hacemos y no por lo que somos. El mundo está totalmente basado en roles. Es triste ver que las familias, donde se supone que los integrantes deben tener amor y respeto incondicional entre sí, siguen la misma regla. Desde pequeños nos enseñan a renunciar a la individualidad y a dejar de lado nuestras aficiones, talentos e identidades completas para adoptar rasgos que enorgullecen a nuestros padres. Se nos anima a complacer al mundo en lugar de ser nosotros mismos.

Los padres nos enseñan que las cosas que nos gustan y amamos (las cosas que esencialmente nos hacen ser quienes somos) son secundarias en relación con nuestro «rol». Probablemente pasó toda su infancia intentando cumplir el papel que le habían asignado. Hizo todo lo posible por superarse, ya fuera en los estudios, en el deporte o en las tareas domésticas, pensando que eso era lo que quería. Desgraciadamente, ser un superdotado rara vez es una elección personal. Más bien surge de la necesidad de complacer a los padres. Si tiene un hermano mayor, probablemente sea él quien se subió al tren de los superdotados. Aunque probablemente esto no le salvó de un daño emocional innecesario. En lugar de sentirse presionado por sobresalir en todos los aspectos de la vida, tuvo que oír hablar de lo «genial» que es su hermano, lo que probablemente le hizo sentir inferior o inútil.

El trabajo con el niño interior es su oportunidad de hacer que su niño interior se sienta digno y valorado. Tiene que dirigirse a su niño interior utilizando afirmaciones positivas, destacando lo valioso que es su auténtico yo. Explore los sueños y aspiraciones de su niño interior, comparándolos con los estándares de sus padres. ¿Realmente quiere ser la persona que se esforzó por ser? Tranquilice a su niño interior diciéndole que nació con un propósito mucho mayor que solo sus dones únicos y especiales pueden ayudarle a cumplir.

10. Descubrir quién es realmente

Como se acaba de explicar, asumir el rol designado corta su conexión con la persona que realmente es. En el momento en que se propuso hacer todo para complacer a sus padres, eliminó fragmentos de su ser. Las partes juguetonas, curiosas, creativas, imaginativas y espontáneas de usted mismo quedaron mermadas. Dejó de tener el sano sentido de la desvergüenza, la inocencia y la objetividad que todo niño debería tener. A una edad muy temprana, le introdujeron los sentimientos de autocrítica, culpa y vergüenza.

Debe tomarse su tiempo para reconectar con la versión más joven de usted mismo. Tómese el tiempo que haga falta para recordar quién fue alguna vez. Recuerde al niño que no tenía miedo de expresarse, de vivir aventuras, de asumir riesgos y, lo que es más importante, de jugar todo el tiempo. Busque la parte de usted que disfruta de la vida tal y como viene, con todos sus altibajos. Enseñe a su niño interior que los obstáculos o tropiezos no comprometen su seguridad, sino que le enseñan a levantarse.

11. Deshacerse de la culpa y la vergüenza sexual

En la mayoría de los casos, el niño interior padece culpa y vergüenza sexual graves. Estas emociones negativas suelen ser producto de la represión familiar, el acoso o el ridículo, el abuso, el incesto y otros traumas. Pocas personas se dan cuenta de que la educación influye enormemente en la sexualidad de la edad adulta. Estas heridas pueden manifestarse como anorexia sexual o rechazo de todo tipo de relaciones íntimas, adicciones sexuales, adicción a la pornografía, etc.

Cuando un niño ha sido objeto de incesto o abuso, puede reprimir su sexualidad con la esperanza de alejar al progenitor que le hirió. No solo eso, sino que más adelante, en la edad adulta, el individuo lucha con sentimientos de culpa cuando se enfrenta a relaciones sexuales. Esto obstaculiza la construcción de relaciones románticas sanas. Para ayudar a su niño interior a superar esta vergüenza, debe asegurarle que no está mal sentir curiosidad por el sexo. Debe explicarle que los impulsos sexuales son normales y que no hay nada de qué avergonzarse. Ahora está a salvo, lo que significa que ya no necesita ocultar su sexualidad al cuidador que le ha maltratado.

Cuestionario: ¿Qué beneficios de la sanación del niño interior he experimentado?

Utilice este cuestionario como guía para medir su progreso en el viaje de sanación del niño interior.

- Mi calidad de vida en general ha mejorado.
- Ya no sufro de confusión mental.
- Mi ansiedad ya no es tan grave como antes.
- Experimento menos síntomas de depresión o son más leves.
- Mi vitalidad ha mejorado.
- Mi sentido de la curiosidad y el asombro ha revivido.
- Puedo defenderme mejor.
- Comprendo mejor mis límites y me aseguro de que nadie los traspase.

- Puedo decir «no» siempre que lo necesito.
- Cultivo mejores relaciones intrapersonales.
- Soy más maduro emocionalmente y controlo mejor mis sentimientos.
- Soy más «yo mismo» que antes.
- Ya no me avergüenzo de mis experiencias dolorosas del pasado.
- No me siento culpable por mis mecanismos poco saludables. Me doy cuenta de que, en un momento dado, era la única forma que tenía de sobrevivir.
- No me preocupa lo que la gente piense de mí. No permito que las opiniones de nadie dicten mi estado mental.
- No siento resentimiento hacia mi familia ni hacia las personas que me hicieron daño.
- No me avergüenzo de mi sexualidad.
- Puedo identificar comportamientos narcisistas y patrones malsanos.
- Digo lo que pienso y no reprimo mis pensamientos y sentimientos por miedo a herir a alguien.

Puede que no haya comprendido la importancia real de su niño interior hasta que ha decidido leer este libro. Nunca fue consciente del papel tan importante que desempeña su yo más joven en su forma de pensar, actuar, reaccionar y sentir del presente. Sin embargo, una vez que empiece el trabajo con el niño interior, sentirá que se ha abierto a un mundo nuevo. El trabajo con el niño interior consiste en darse cuenta de que muchas de las emociones que experimentamos como adultos, como el miedo y la inseguridad, provienen del niño interior. Hoy es adulto y diferente de cómo era antes. Como a su yo más joven nunca se le concedió el derecho de opinar, creció reprimiéndolas, negándose la posibilidad de acertar. Una vez que vea que ese miedo procede del niño que lleva dentro, podrá calmarlo y tranquilizarlo. Ser compasivo y comprensivo puede, con el tiempo, ayudarle a superar los miedos que le agobian. Ganará claridad y autoconciencia en su proceso de sanar a su niño interior.

Capítulo 10: Desafío para sanar a su niño interior

La felicidad y las emociones en general dependen en gran medida de las experiencias infantiles. Muchas personas no comprenden que tienen que tener en cuenta su infancia a la hora de planificar el futuro. Hay conexiones espirituales con varias versiones de sí mismo que se deben recordar a la hora de decidir qué camino tomar. Esto no significa quedarse anclado en el pasado o dejar que los acontecimientos negativos anteriores tomen el control. Lo que debe hacer es decidir la forma en la que su pasado influye sobre su vida actual. Detectar patrones inútiles, comportamientos problemáticos y mecanismos de defensa perjudiciales es la única forma de acercarse a llevar una vida más feliz. Debe explorar cómo le criaron, entender cómo toma sus decisiones y evaluar la calidad de sus conexiones durante la vida. Si no dedica tiempo a averiguar el estado de su salud mental, emocional, social y espiritual, nunca sabrá qué tiene que hacer para mejorar su vida y deshacerse de lo que le impide conseguir lo que se merece.

Su niño interior es una parte crítica de su mente: alegría, libertad, juego, amabilidad y compasión. Esta parte de usted mismo representa el aspecto que desea sentirse amado, seguro, cómodo y protegido. La razón por la que es tan relevante para su salud espiritual es que es una combinación de sus emociones fundamentales e innatas: imaginación, creatividad y vulnerabilidad, que reprimió a medida que crecía. El niño interior es el aspecto infantil de su ser. Es la parte de usted que reacciona impulsivamente cuando las cosas no salen como quiere. Es básicamente todo lo que aprendió y experimentó durante las etapas de desarrollo de su vida. El niño pequeño que lleva dentro es su esencia. Es la parte intrínsecamente inocente, juguetona y sin complicaciones de su conciencia.

Ahora que entiende que sanar al niño interior es un paso importante hacia el bienestar y el despertar espiritual, está preparado para seguir adelante con este proceso en forma de desafío. Este capítulo tiene una guía de treinta días para sanar a su niño interior y alcanzar finalmente el despertar espiritual.

Día 1: Identifique su arquetipo de niño interior

- Haga el cuestionario «¿Qué arquetipo de niño interior soy? Complete el cuestionario del capítulo 2 para determinar su arquetipo de niño interior.

- Despréndase. Al identificar su arquetipo de niño interior, debe ser muy consciente de lo que siente y piensa. Debe asegurarse de que está explorando las creencias y los valores que le pertenecen, no los que le impone su comunidad o la sociedad. Suelte el mundo que le rodea y mantenga una conversación profunda con su niño interior. Averigüe cómo se siente, en qué piensa, qué necesita, qué actividades le hacen feliz, etc.

- Practique la autocompasión. Muchas personas tienen una idea equivocada sobre la autocompasión. No consiste en animarse o decirse que no hay que sentirse mal. Al contrario, sentirse mal está bien, al igual que sentirse feliz. La autocompasión consiste en desarrollar la atención hacia las propias experiencias infantiles y reconocer al niño que lleva dentro. Esto significa que no debe restar importancia a sus inseguridades, tristezas o miedos. Asegúrese de estar presente y deje que su niño interior sepa que es querido, amado y validado.

Día 2: Practique la conciencia de su niño interior

- Dé un largo paseo por la naturaleza. Dar un largo paseo por la naturaleza lo hará sentirse enraizado y en sintonía con lo que le rodea. También puede darle claridad mental y ayudarle a reconocer sus pensamientos y emociones. Manténgase presente en el momento y active todos sus sentidos.

- Practique yoga. La Montaña es una postura de yoga muy fácil que cualquiera puede hacer. Si tiene más experiencia con el yoga, puede hacer cualquier otra postura que le guste siempre que le haga sentir cómodo y concentrado. La posición de la Montaña le ayudará con la postura, la conciencia corporal y la alineación.

- Apoye ambos pies en el suelo mientras se mantiene de pie. Los talones deben estar separados mientras los dedos gordos de los pies se tocan. Baje los omóplatos mientras levanta el pecho. Mueva la barbilla hacia dentro mientras alarga la cabeza. Coloque los brazos a los lados con las palmas hacia delante. Contraiga la garganta mientras respira por la nariz. Mantenga la postura entre cinco y diez respiraciones.

- Medite. Medite durante cinco minutos antes de acostarse.

Día 3: Diario sobre su niño interior

- Escriba una carta a su niño interior. Escriba una carta a su yo más joven desde el punto de vista de un padre cariñoso y comprensivo. Explíquele cómo le protegerá y exprese lo orgulloso que está de él. Dígale que le quiere y que está trabajando para darle la vida y la felicidad que se merece. También puede disculparse si quiere. Escriba desde el corazón.

- Escriba sobre sus necesidades. Explore la identidad de su yo más joven. Explore sus necesidades más básicas. ¿Qué anhela su niño interior? ¿Es amor? ¿Está seguro? Escriba lo que su niño interior necesita para sentirse él mismo.

- Piense en afirmaciones. Escriba afirmaciones que expresen su valor, sus rasgos únicos, lo que aporta, cómo influye en la vida de los demás, etc.

Día 4: Acepte el dolor

- Medite. Medite durante cinco minutos por la mañana.

- Reflexione. Retírese a un espacio tranquilo y seguro. Desconéctese de su entorno y centre toda su atención en sus emociones. ¿Cómo se siente? Piense en su infancia y en cómo se siente cuando se enfrenta a sus recuerdos. ¿Ha cambiado algo desde que decidió embarcarse en el viaje de sanación de su niño interior? ¿Se siente mejor o peor? No deje de lado sus emociones, por dolorosas que sean. Reconózcalas y experiméntelas plenamente.

Día 5: Involucre a su niño interior

- Pase tiempo con niños. Pase tiempo con niños y participe en actividades que les gusten. Si tiene hijos, dedíqueles una parte de su día. Si no los tiene, puede ofrecerse a cuidar a su sobrina o al hijo de un amigo durante este día. No tenga miedo de dejar salir al niño que lleva dentro.
- Libérese. Permítase soltarse. Si suele ser serio en el trabajo, no le vendrá mal hacer una broma o tomarse las cosas con calma. Sea juguetón y diviértase.
- Visualice. Visualice el futuro que quiere antes de acostarse. Piense en su futura casa, auto y trabajo. ¿Qué aspecto tienen? ¿Cómo es su estilo? Deje volar su imaginación.

Día 6: Cuide a su niño interior

- Tenga una conversación con su niño interior. Reconozca la presencia de su niño interior y hágale saber que desea conectar con él en un nivel más profundo. Explíquele que su seguridad y comodidad son su máxima prioridad.
- Mire fotos antiguas. Mire fotos antiguas suyas y diga afirmaciones de protección, compasión y amor.
- Escriba sobre su decisión de dejar atrás viejos ciclos. Escriba una carta a su niño interior que incluya todo lo que él necesita oír. Puede ser una carta de disculpa por haber crecido tan deprisa o por no haberle proporcionado los cuidados que debería.
- Dele un espacio seguro para jugar. Piense en el tipo de juegos a los que siempre quiso jugar de niño y asegúrese de hacerlo.

Día 7: Valide sus emociones

- Libere sus emociones. Escriba en su diario todos sus sentimientos y emociones. Sea lo más expresivo y detallado posible, sin dejar que nada quede sin reconocer.
- Medite durante 5 minutos.
- Tómese un descanso. Tómese el día libre de trabajo y responsabilidades. Tómeselo con calma y déjese llevar.
- Queme incienso. Quemar incienso levanta el ánimo. También alivia el estrés y la ansiedad.
- Haga algo divertido. Haga cualquier cosa que le guste hacer, ya sea practicar un pasatiempo, salir con amigos o ver una película.

Día 8: Examine sus límites

- Diga no. Piense antes de hacer favores o seguir a otros. Piense si es algo que realmente quiere hacer. No tenga miedo de rechazar peticiones o invitaciones que no le apetecen.
- Reflexione sobre sus relaciones. Piense en todas las relaciones de su vida. ¿Cómo son sus relaciones familiares, sociales, profesionales y románticas? ¿Cuál es su definición de una relación sana? ¿Alguna de sus relaciones en la vida se ajusta a esa descripción? ¿Se siente incómodo con algunas personas? ¿A qué se debe? ¿Describiría alguna de sus relaciones como malsana? ¿Por qué? ¿Qué piensa hacer al respecto?
- ¿Cuáles son sus límites a la hora de relacionarse con los demás? ¿Son diferentes de los de antes? ¿Permite que sobrepasen sus límites? Si es así, ¿por qué lo hace y cómo le hace sentir?

Día 9: Conéctese a tierra

- Dé un largo paseo por la naturaleza y asegúrese de estar presente y conectado con su entorno.
- Practique yoga. Puede hacer posturas suaves como la de la montaña o el Guerrero I. Si le apetece un reto, mire un vídeo de yoga para principiantes en YouTube y sígalo.
- Queme salvia.

- Practique la respiración profunda. Respire profundamente durante dos o tres minutos.

Día 10: Muévase

- Estire. Realice estiramientos suaves entre cinco y diez minutos.
- Haga ejercicio. Haga su forma favorita de ejercicio durante treinta minutos.
- Suba las escaleras. Tome las escaleras en lugar del ascensor. Si tiene que hacer un mandado rápido, camine o vaya en bicicleta esas pocas cuadras en lugar de conducir o coger un taxi. Libere su energía.

Día 11: Sánese ayudando a los demás. Dele una mano a alguien. ¿Le parece que un amigo ha tenido problemas últimamente? Pregúntele qué puede hacer por él e intente ayudarle. Trabajar cualidades como la bondad y la compasión es crucial cuando se trabaja con el niño interior.

- Acaricie a un animal o juegue con un bebé.
- Sonría a los desconocidos.
- Realice un acto de bondad al azar.

Día 12: Tome el control

- Elabore una lista de tareas pendientes. Escriba una lista de tareas con todo lo que debe hacer a lo largo del día. Priorice las tareas de mayor a menor importancia. Si no tiene nada que hacer, es el momento de trabajar en las tareas que ha estado posponiendo.
- Ordene su casa. Piense en una forma divertida de ordenar su casa. No solo se generará una sensación de logro, sino que recordará a su niño interior que las responsabilidades no tienen por qué ser una carga.
- Suelte. Deje ir los pensamientos y emociones que no le ayudan.

Día 13: Gestione sus emociones

- Observe sus sentimientos. Compruebe sus emociones varias veces a lo largo del día. Lleve un diario de su estado de ánimo en el que escriba todo sobre sus emociones y las reacciones que desencadenan.
- Medite. Retírese a un espacio seguro y medite entre tres y cinco minutos siempre que lo necesite.
- Practique la respiración profunda. Respire profundamente durante tres minutos varias veces al día.
- Piense antes de reaccionar. Tómese un momento para pensar si está en el momento y el lugar adecuados para expresar sus emociones.

Día 14: Practique la atención plena

- Sintonice con sus sentidos. Deténgase de vez en cuando para involucrar todos sus sentidos en su experiencia. Por ejemplo, cuando esté comiendo, sienta la textura de la comida o el contacto de la cuchara con las yemas de los dedos, saboree la comida con los ojos, disfrute de su sabor, perciba su olor y escuche el ambiente que le rodea.
- Practique la autocompasión. Trátese como trataría a un amigo.
- Desplace su atención. Siéntese un minuto cada vez que tenga pensamientos negativos y desplace su atención hacia su respiración.

Día 15: Aumente su autoconciencia

- Sea objetivo. Piense en sí mismo de forma objetiva. ¿Cuáles son sus logros? ¿Las cosas que le hacían feliz de niño le siguen haciendo feliz ahora?
- Piense en sus objetivos. ¿Cuáles son sus objetivos y planes para el futuro?
- Medite. Medite durante diez minutos antes de acostarse.

Día 16: Reconozca sus progresos

- Practique la respiración profunda. Respire profundamente entre dos y tres minutos.
- Estire. Haga estiramientos suaves durante cinco minutos.
- Diario. Escriba sus progresos y lo que ha conseguido hasta ahora en este viaje. ¿Cómo ha cambiado en los últimos quince días? ¿Qué espera conseguir al final del reto?
- Haga ejercicio. Haga su ejercicio favorito durante quince minutos.
- Prémiese. Recompense a su niño interior por haber llegado hasta aquí y haga algo que le haga feliz.

Día 17: Libere el pasado

- Haga una liberación emocional. Escriba todo lo que siente y piensa.
- Identifique su bucle emocional. ¿Hay ciertas emociones que experimente todos los días? ¿Qué las desencadena? ¿Qué puede hacer para contrarrestarlas?
- Sustituya las emociones negativas por otras positivas. ¿Sabía que puede entrenarse para sentir emociones positivas en situaciones que normalmente le hacen sentir resentido o triste? Si algo no sale como esperaba, sin duda se sentirá mal. Sin embargo, puede aliviar esas emociones negativas e incluso convertirlas en positivas si modifica su proceso de pensamiento. En lugar de verlo como un fracaso, puede considerarlo una experiencia de aprendizaje.

Día 18: Aumente su confianza

- No se compare. Deje de compararse con los demás.
- No se preocupe por las opiniones de los demás.
- Reestructure sus «Y si...». Convierta los «Y si...» negativos como «¿Y si fracaso?» en positivos como «¿Y si todo sale bien?».

Día 19: Conecte con su niño interior

Dedique este día a conectar con su niño interior. Escuche todo lo que tiene que decir y sentir. Tómese el día libre en el trabajo si lo necesita. Realice las actividades que le hicieron más feliz en su infancia. Explore las heridas de su infancia, de dónde vienen, a qué sentimientos están asociadas y qué acontecimientos las desencadenan. Tranquilice a su niño interior diciéndole que ahora está seguro y protegido.

Día 20: Desconéctese

- Ejercicio. Practique su forma favorita de ejercicio durante quince minutos.
- Desconéctese. Descanse de los aparatos electrónicos por un día.
- Vaya a tomar un helado o pase por el autoservicio favorito de su infancia de camino a casa.
- Sea creativo. Dibuje, pinte, baile o practique cualquier otra actividad creativa de su elección.
- Practique una de sus aficiones.

Día 21: Perdonar

El día 20 trata sobre el perdón. Perdone a alguien que le haya hecho daño en su infancia. Piense en lo que le hizo y en cómo le hizo sentir. Imagine que esos pensamientos y emociones desaparecen de su mente. Perdone para su tranquilidad. Si no se habla con esa persona, no hace falta que se acerque a ella si no quiere. Recuerde que le perdona por su propio bien.

Día 22: Póngase a sí mismo en primer lugar

- Medite. Medite durante cinco minutos.
- Haga algo que le dé felicidad a su niño interior.
- Diga no. Diga no a lo que no quiere hacer.
- Practique el autocuidado. Dese un baño largo, haga una siesta, vaya a un spa o practique cualquier otra forma de autocuidado.

Día 23: Llene los vacíos

¿Cuáles son algunas de las cosas de las que fue víctima en su infancia? Dese cuenta de que son cosas contra las que puede luchar ahora que es adulto. Por ejemplo, si no recibió los cuidados adecuados de niño, puede tomar medidas para asegurarse de que siempre se da prioridad y se cuida. Si creció en la pobreza, puede elaborar un plan financiero, aprender a presupuestar y ahorrar y tomar medidas para aumentar sus ingresos.

Día 24: Salga de aventura

Tanto si decide ir a la feria como hacer las maletas y dejar la ciudad por un día, debería hacer algo espontáneo. Abrace su deseo innato de aventura y deje que florezca el niño que lleva dentro. Puntos extra si puede hacer algo que siempre quiso hacer de niño.

Día 25: Defiéndase

- Practique el amor propio. Piense en cuatro cualidades que le gusten de su yo actual y pasado.
- Manténgase firme. No tenga miedo de expresar sus opiniones, aunque los demás no estén de acuerdo con ellas.
- Defiéndase. Defiéndase siempre que alguien le falte al respeto o le menosprecie. No permita que nadie le insulte.

Día 26: Escriba una carta

Escriba una carta a las personas que más le han marcado a lo largo de su vida. Céntrese sobre todo en su infancia. Escriba cómo le hicieron sentir y cómo le cambiaron, para bien o para mal. ¿Hay acontecimientos que asocie con esas personas? ¿Qué recuerdos y emociones le traen? ¿Qué les diría a esas personas si pudiera hablar tranquilamente? Cuando haya terminado, léalo en voz alta e imagine que está hablando con esas personas. Cuando esté preparado para dejarlo ir, queme la carta.

Día 27: Controle su ira

- Haga ejercicio. Practique su forma favorita de ejercicio durante quince minutos.

- Practique yoga. Puede hacer algunas posturas ligeras como la postura de la Montaña y el Guerrero I.
- Practique la respiración profunda. Respire profundamente durante dos o tres minutos.
- Tómese un descanso. Cuando sienta que la ira se acumula en su interior, practique la atención plena.

Día 28: Supere su tristeza

- Practique la transformación de sus pensamientos en ideas positivas.
- Acérquese a sus seres queridos. Es posible que esté luchando contra sentimientos de soledad y una inclinación a aislarse. Acérquese a personas que puedan ayudarle a superar este momento difícil.
- Cuide de su niño interior. No olvide atender las necesidades de su niño interior.

Día 29: Luche contra el remordimiento

- Explore el origen de la culpa.
- Entienda que no hay nada que pudiera haber hecho de otra manera.
- Trabaje para sustituir sus hábitos inútiles por otros positivos.
- Considere la posibilidad de ir a terapia.

Día 30: Afronte sus miedos

- Medite. Medite durante diez minutos.
- Sea optimista. Espere que ocurran grandes cosas a lo largo del día.
- Supere un miedo. Tome medidas para superar un miedo.
- Salga de su zona de confort. Haga algo que siempre haya querido hacer, pero no ha podido porque dudaba de sus capacidades.
- Arriésguese.

Último día: Acepte la sanación

Reflexione sobre el viaje de sanación de su niño interior. ¿Cómo se ha sentido en los últimos treinta días? ¿Siente que ha cambiado en algo? ¿Qué actividades de las mencionadas en el reto está dispuesto a incorporar a su estilo de vida? ¿Cuáles piensa dejar atrás? ¿Qué pasos dará para mantener su progreso?

Conclusión

Como ha aprendido en este libro, su niño interior representa la acumulación de las emociones negativas ocultas en las profundidades de su alma. Al hacer más feliz al niño que lleva dentro, está transformando su alma. Que esta transformación signifique sanar un alma herida de traumas pasados, despertar espiritualmente o elevarse a un estado superior de conciencia espiritual, depende exclusivamente de usted. Sin embargo, antes de empezar a conectar con su niño interior, debe comprender cómo está formado y cómo influye en su vida de adulto. También tendrá que explorar el arquetipo de su niño interior, ya que esto puede determinar su enfoque para mejorar su bienestar espiritual. Cada tipo tiene puntos fuertes y débiles diferentes, por lo que averiguar cuál vive dentro de usted le evitará errores cuando intente establecer una conexión.

Una vez que conozca el arquetipo de su niño interior, puede aprender más sobre la relación del niño con su alma herida. Comprender su alma herida es solo uno de los numerosos beneficios de descubrir a su niño interior, pero también conlleva muchos retos. Más allá de descubrir, explorar su alma herida también implica aceptar a su niño interior con todos sus aspectos positivos y negativos. Porque, aunque el niño interior tiene una disposición inherentemente alegre, las experiencias traumáticas pueden convertirla en algo más bien sombrío.

Aceptar a su niño interior significa abrirse a comunicarse con él y estar preparado para descubrir todas las formas de ponerse en contacto con su alma. Una de las técnicas más recomendadas es la meditación. Las técnicas de meditación consciente basadas en el amor son especialmente conocidas por promover un mayor nivel de conciencia espiritual al calmar el cuerpo y la mente y sustituir los procesos de pensamiento negativos por otros amorosos. Escribir un diario es otra práctica que tiene un impacto positivo en la sanación de las almas heridas. Registrar sus pensamientos y emociones puede revelar patrones que indican un desequilibrio espiritual.

Por supuesto, hay muchas otras formas de elevar la conciencia de su niño interior y muchas de ellas apuntan hacia los mejores caminos de sanación para su alma herida. La mayoría de estas técnicas se basan en el mismo principio de atención plena que los ejercicios de meditación. Simplemente desviando la atención de su cuerpo y su mente, pueden hacerle más consciente de las necesidades de su alma. Dicho esto, si no es experto en espiritualidad, aprender la mayoría de estas técnicas supondrá sin duda un reto. Afortunadamente, este libro le prepara para todos los obstáculos a los que pueda enfrentarse durante este proceso, aconsejándole sobre cómo superarlos y aprender de ellos cuando se esfuerce por crecer espiritualmente. Al superar estos retos, se hará mucho más fuerte. Aprenderá a cosechar los beneficios de la sanación de su alma herida y a multiplicar sus dones espirituales.

Por último, pero no menos importante, le puede suceder que vea la sanación de su niño interior como un desafío. La sanación del niño interior no solo es un paso crucial para garantizar el bienestar espiritual, sino que, al convertirse en un reto, le anima a dar lo mejor de usted mismo. Puede utilizar cualquiera de las técnicas mencionadas en este libro o cualquier otro ejercicio de atención plena que se adapte a sus necesidades.

Vea más libros escritos por Mari Silva

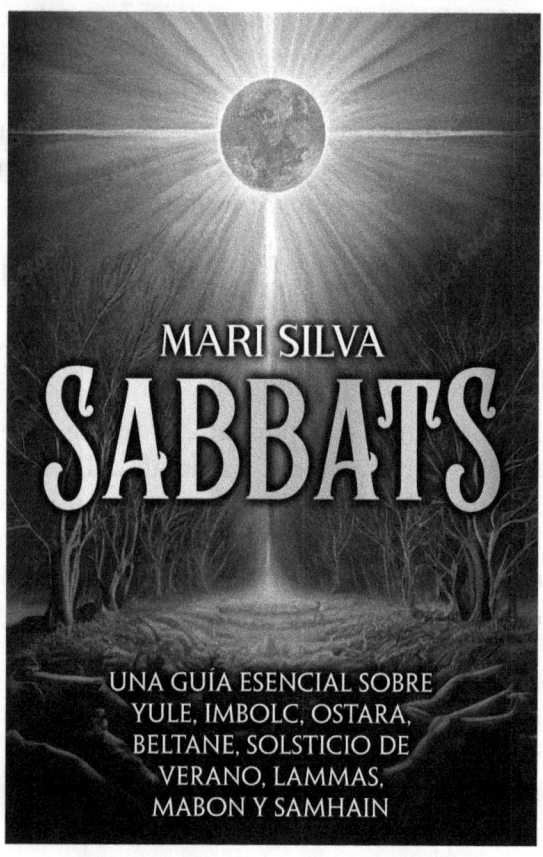

Su regalo gratuito

¡Gracias por descargar este libro! Si desea aprender más acerca de varios temas de espiritualidad, entonces únase a la comunidad de Mari Silva y obtenga el MP3 de meditación guiada para despertar su tercer ojo. Este MP3 de meditación guiada está diseñado para abrir y fortalecer el tercer ojo para que pueda experimentar un estado superior de conciencia.

https://livetolearn.lpages.co/mari-silva-third-eye-meditation-mp3-spanish/

¡O escanee el código QR!

Referencias

Casement, A. (2006). La sombra. Manual de psicología junguiana: teoría, práctica y aplicaciones.

Chappell, S., Cooper, E. y Trippe, G. (2019). Trabajo de sombras para el desarrollo del liderazgo. Journal of Management Development.

Dourley, J. P. (1994). A LA SOMBRA DE LOS MONOTEÍSMOS. Jung y los monoteísmos: el judaísmo, el cristianismo y el islam.

Grosso, C. (2015). Todo en mente: Lo que he aprendido sobre los golpes duros, el despertar espiritual y su alucinante verdad. Sounds True.

Gilmore, J. (2019). El arte comunitario como trabajo de sombras. Jung Journal.

Karpiak, I. E. (2003). La sombra: extraer su oscuro tesoro para la enseñanza y el desarrollo de los adultos. Canadian Journal of University Continuing Education.

Kremer, JW y Rothberg, D. (1999). Enfrentando la sombra colectiva. ReVision.

McLaughlin, R. G. (2014). El trabajo de sombras como apoyo para el desarrollo adulto. Lesley University.

Mayer, C. H. (2017). Vergüenza: "Una emoción que alimenta el alma": trabajo arquetípico y la transformación de la sombra de la vergüenza en un proceso de desarrollo grupal. El valor de la vergüenza. Springer, Cham.

Morley, C. (2021). Soñar a través de la oscuridad: ilumine su sombra para vivir la vida de sus sueños. Hay House, Inc.

Onyett, S. y Hill, M. (2012). Integración del trabajo de sombras y reflexión de investigación apreciativa sobre las desigualdades estructurales, las polaridades y el dolor. AI Practitioner.

Sol, M. y Luna, A. (2019). El proceso del despertar espiritual. Luna & Sol Pty Ltd.

Stokke, C. y Rodríguez, M. C. Experiencias del despertar espiritual: un estudio fenomenológico en psicología transpersonal.

Sutton, N. (2021). La elevación de consciencia como guía a través del despertar espiritual. Hay House, Inc.

Wilber, K., Patten, T., Leonard, A. y Morelli, M. (2008). Práctica de vida integral: un plan del siglo XXI para la salud física, el equilibrio emocional, la claridad mental y el despertar espiritual. Shambhala Publications.

Zweig, C. y Wolf, S. (1997). Romantizando la sombra: Iluminar el lado oscuro del alma. Ballantine Books.

¿Qué es el niño interior (y por qué es importante que lo conozca)? (2021, 26 de marzo). My Online Therapy. https://myonlinetherapy.com/what-is-your-inner-child-and-why-its-important-you-get-to-know-them/

Davis, S. (s.f.). El niño interior herido. Cptsdfoundation.Org. https://cptsdfoundation.org/2020/07/13/the-wounded-inner-child/

Goldstein, E. (2021, 6 de abril). ¿Qué es el niño interior? Integrative Psychotherapy & Trauma Treatment. https://integrativepsych.co/new-blog/what-is-an-inner-child

Cómo saber si tiene un niño interior herido (y cómo sanarse). (2021, 2 de marzo). The Mighty. https://themighty.com/2021/03/trauma-wounded-inner-child-how-to-know-heal/

Jacobson, S. (2017, 23 de marzo). ¿Qué es el «niño interior»? Blog Harley TherapyTM. https://www.harleytherapy.co.uk/counselling/what-is-the-inner-child.htm

Kahn, J. (2019, 15 de noviembre). Por qué es importante sanar a su niño interior. G&STC. https://www.gstherapycenter.com/blog/2019/11/15/why-healing-your-inner-child-is-important

Luna, A. (2019, 6 de abril). 25 señales de un niño interior herido (y cómo sanar). LonerWolf. https://lonerwolf.com/feeling-safe-inner-child/

¿Qué es el trabajo con el niño interior? Una guía para sanar a su niño interior. (2020, 31 de diciembre). Mindbodygreen. https://www.mindbodygreen.com/articles/inner-child-work/

Qué es su niño interior (y por qué es importante que lo conozca). (2021, 26 de marzo). my Online Therapy. https://myonlinetherapy.com/what-is-your-inner-child-and-why-its-important-you-get-to-know-them/

La importancia de abrazar a su niño interior. (s.f.). Beliefnet.Com. https://www.beliefnet.com/inspiration/articles/the-importance-of-embracing-your-inner-child.aspx

Acuario. (2019, 27 de enero). Inmersión profunda en el niño de la naturaleza, un arquetipo primigenio. ¡Ilumínese! Con el acuariano.

http://www.aquarianonline.com/deep-dive-into-the-nature-child-a-primal-archetype/

Banday, N. (2020, 4 de mayo). ¿Qué es el arquetipo del niño? - Haga un viaje a la psique humana. Aprenda cómo funcionamos en un nivel básico. Navigation For Daily Living.

ChelseaC. (2018, 9 de noviembre). Descubra en cuál de los seis arquetipos de niño encaja y empiece a abrazarlo. The Odyssey Online. https://www.theodysseyonline.com/whats-my-child-archetype

Couch, S. (2015, 28 de agosto). Sanando el arquetipo del niño interior. Wild Gratitude. https://www.wildgratitude.com/healing-the-inner-child-archetype/

knowyourarchetypes. (2020a, 23 de junio). Arquetipo del niño. Know Your Archetypes. https://knowyourarchetypes.com/child-archetype/

Know Your Archetypes. (2020b, 19 de agosto). Arquetipo del niño divino. Know Your Archetypes. https://knowyourarchetypes.com/divine-child-archetype/

Know Your Archetypes. (2020c, 19 de agosto). Arquetipo del niño herido. Know Your Archetypes. https://knowyourarchetypes.com/wounded-child-archetype/

El arquetipo del niño. (2020, 4 de febrero). Make A Dent Leaderchip. https://www.makeadentleadership.com/the-child-archetype/

La función «niño eterno» de su tipo de personalidad - Análisis Místico. (2021, 3 de enero). Mystical Analytics -. https://mysticalanalytics.com/the-eternal-child-function-of-your-personality-type/

¿Qué arquetipo de niño interior es? (2017, 23 de mayo). Jennifer Soldner.

Davis, S. (s.f.). Descubrir a su niño interior. Cptsdfoundation.Org. https://cptsdfoundation.org/2020/07/06/discovering-your-inner-child/

Descubra a su niño interior. (2016, 20 de octubre). Exploring Your Mind. https://exploringyourmind.com/discover-inner-child/

Giovanis, N. (2021, 6 de enero). Descubrir a su niño interior. A Space Between. https://www.aspacebetween.com.sg/blog/discovering-your-inner-child

El niño interior: seis maneras de encontrar el suyo. (2020, 26 de junio). Healthline. https://www.healthline.com/health/inner-child

Perkal, Z. (2015, 2 de abril). Cómo encontrar a su niño interior de adulto. Wanderlust. https://wanderlust.com/journal/find-inner-child/

Roxanne. (2017, 26 de abril). Diez preguntas para descubrir a su niño interior. TextMyJournal. https://www.textmyjournal.com/10-questions-uncover-inner-child/

Equipo Zoella. (2022, 22 de febrero). Cómo conectar con su niño interior para sanar, evolucionar y florecer en la edad adulta. Zoella. https://zoella.co.uk/2022/02/22/how-to-connect-with-your-inner-child-to-heal-evolve-blossom-in-adulthood/

Neta, N. (2020, 21 de octubre). El viaje de sanación del niño interior. Newport Institute. https://www.newportinstitute.com/resources/mental-health/inner-child/

Ocho consejos para sanar a su niño interior. (2021, 9 de septiembre). Healthline. https://www.healthline.com/health/mental-health/inner-child-healing

Chen, L. (2015, 19 de octubre). Siete cosas que su niño interior necesita oírle decir. Tiny Buddha. https://tinybuddha.com/blog/7-things-your-inner-child-needs-to-hear-you-say/

Coleman, K. (2022, 23 de febrero). Por qué debería abrazar a su niño interior. Her Campus Media. https://www.hercampus.com/school/illinois-state/why-you-should-embrace-your-inner-child/

Abrace a su niño interior: cinco maneras de abrazar a su niño interior ¡hoy mismo! (2017, 8 de septiembre). Girlandtonic.Co.Uk; lauriemcallister. https://girlandtonic.co.uk/embrace-your-inner-child/

Abrace a su niño interior. (2017, 14 de septiembre). Nature Explore. https://natureexplore.org/embracing-your-inner-child-2/

Fuller, J. (2018, 30 de julio). Abrace a su niño interior -. Jane Fuller. https://www.janefuller.co.uk/blog/2018/7/30/embrace-your-inner-child

Meyerowitz, A. (2020, 20 de noviembre). Por qué debemos abrazar a nuestro niño interior y cinco maneras de hacerlo. Red Online. https://www.redonline.co.uk/health-self/self/a34725323/how-to-embrace-inner-child/